Thomas Lenz
Kaum zu glauben 8

1. Auflage 2020
© TENNEMANN Buch und Musikverlag, Schwerin 2020
TENNEMANN media GmbH
Gartenweg 30c, 19057 Schwerin
Tel. 0385-77501
www.tennemann-media.de
www.tennemann.com

Lizenziert durch Studio Hamburg Enterprises GmbH
Der Autor folgt im wesentlichen der alten Rechtschreibung
mit Ausnahme der ß-Regelung

Alle Rechte vorbehalten, insbesondere das der Übersetzung,
des öffentlichen Vortrags sowie der Übertragung in Rundfunk,
Fernsehen und auf digitalen Verbreitungswegen aller Art,
auch einzelner Teile. Kein Teil des Werkes darf in irgendeiner
Form (durch Fotografie, Mikrofilm oder andere Verfahren)
ohne schriftliche Genehmigung des Verlages reproduziert
oder unter Verwendung elektronischer Systeme verarbeitet,
vervielfältigt oder verbreitet werden.

Autor: Thomas Lenz
Layout-Satz, Illustrationen: Maria Tonn, Wismar
Abbildung Thomas Lenz S. 208: NDR
Herstellung: TENNEMANN media
Printed in Germany
Dieses Buch ist auch als E-Book erschienen

ISBN 978-3-941452-77-0

Thomas Lenz

Kaum zu glauben 8

Wissen zum Weitersagen

Liebe Hörerinnen und Hörer von NDR1 Radio MV!

Kennen Sie den kriegerischen Ursprung der Rübenernte? Wissen Sie, was ein Satansbraten ist? Und haben Sie sich mal gefragt, warum Schauspieler eine Rolle spielen? Antworten auf diese und viele weitere kuriose Fragen bietet der neue Band von *Kaum zu glauben – Wissen zum Weitersagen*.

Zum ersten Mal gibt es auch ein ganzes Kapitel mit plattdeutschem Hintergrund: Wer zieht eine Flunsch? Wen haben wir auf dem Kieker? Und wie platt ist unser Hochdeutsch? Lassen Sie sich überraschen, wie sehr die niederdeutsche Sprache auch Ihren Alltag prägt, selbst wenn Sie selbst gar kein Plattdeutsch sprechen!

Mit gewohnt spitzer Feder hat *Kaum-zu-glauben*-Autor Thomas Lenz wieder 160 unterhaltsame Geschichten aus vielen Lebensbereichen zusammengetragen: Kräht ein deutscher Hahn anders als ein ungarischer? Was ist ein Banause? Und was für ein Hölleninstrument ist der Flitzbogen? Die Antworten finden Sie in diesem Buch!

Wir wünschen Ihnen von Herzen gute Unterhaltung, viel Vergnügen und Aha-Erlebnisse beim Lesen des neuen Bandes!

Joachim Böskens,
NDR Landesfunkhaus- und Programmdirektor

Gordana Patett, Chefredakteurin NDR MV
NDR Landesfunkhaus Mecklenburg-Vorpommern

Inhalt

Essen und Trinken S. 17

Was ist ein Herrengedeck?
Was ist Studentenfutter?
Wann schieben wir Knast?
Warum essen wir Gewürze?
Warum sind Tafelmesser oben rund?
Was hat ein Stift bei Tisch zu suchen?
Was besagt der Kinn-Nase-Stirn-Test?
Wie teuer muss Wein sein?
Was ist Schwerter-Kaffee?
Ist Fanta etwas für schlechte Zeiten?

Länder und Landschaften S. 29

Woher hat das Sauerland seinen Namen?
Was ist ein Spa-Bereich?
Was ist das Skandinavier-Kreuz?
Wie skurril sind die Finnen?
Warum sind norddeutsche Äcker so groß?
Welches Geheimnis birgt die Riesenhöhle von Triest?
Was verbindet die Deutschlandfarben mit Mecklenburg?
Wo finden wir das kleinste Hochgebirge der Welt?
Wie kommt Gibraltar zu seinem Namen?
Welches Geheimnis birgt die Flagge Israels?

Städte und Bauwerke S.41

Ist Rio de Janeiro die Hauptstadt Portugals?
Wo liegt Rhodopolis?
Was hat Stavenhagen mit der Hagebutte zu tun?
Was ist ein Löwendom?
Warum heißt die Seufzerbrücke Seufzerbrücke?
Was ist das Jerusalem-Syndrom?
Was ist das Museum für ein Ort?
Wer hat den Palast erfunden?
Was sind Schwarmstädte?
Was ist ein Weichbild?

Erfinder und Erfindungen S. 53

Wer hat das Gebiss erfunden?
Wer hat die Krawatte erfunden?
Wer war Friedrich Wilhelm Buttel?
Was verstehen wir unter Acta Diurna?
Wer hat das Nike-Logo erfunden?
Wer hat den Eistee erfunden?
Seit wann gibt es Kindergärten?
Was ist ein Ackerschnacker?
Wer hat die Taschenlampe erfunden?
Wer hat die Mausoleen erfunden?

Mythologie und Aberglaube S. 65

Warum gelten Rothaarige als Hexen?
Wen jagen wir ins Bockshorn?
Wer erfand den Aprilscherz?
Wer packt seine Siebensachen?
Was verstehen wir unter einem Mundöffnungsritual?
Was ist eine Muse?
Was ist ein Kassandraruf?
Wer oder was ist ein Phaeton?
Was ist eine Sisyphusarbeit?
Was ist ein Bild für die Götter?

Kirchengeschichte und Gottesdienst S. 77

Wozu dienen Feigenblätter?
Was tun wir im Schweiße unseres Angesichts?
Wie schlecht sind Rabenmütter?
In der Not frißt der Teufel Fliegen?
Was gibt es wie Sand am Meer?
Wie kommt die Turteltaube zu ihrem Namen?
Wer wuchert mit seinen Pfunden?
Der Geist ist willig, aber das Fleisch ist schwach?
Wann sollen wir die Klappe halten?
Was ist so sicher wie das Amen in der Kirche?

Sonderbarer Jahreslauf S. 89

Wem verdanken wir den Kalender?
Wie lange dauerte das längste Jahr der Geschichte?
Welches Jahr kennt keine Monate?
Was passiert am 30. Februar?
Wie kam die Woche zu ihrem Namen?
Was sind Temporale Stunden?
Wann ist Halbmittag?
Was ist ein Mittagsweiser?
Was verbirgt sich hinter dem Straßburger Adventsstreit?
Wan feiern wir Ostern?

Seltsame Berufe und
zweifelhafte Tätigkeiten S. 101

Was ist ein Altmacher?
Was ist ein Aufschneider?
Was ist ein Bauernfänger?
Was ist ein Banause?
Was ist ein Bergputzer?
Was ist ein Beutelschneider?
Was ist ein Kumpel?
Was ist ein Minister?
Was ist ein Schröter?
Wer hat den Showmaster erfunden?

Plattdeutscher Ausflug S. 113

Wie platt ist unser Hochdeutsch?
Wen piesacken wir – und womit?
Wer zieht eine Flunsch?
Wer ist plietsch?
Was ist eine Affenschande?
Wen haben wir auf dem Kieker?
Wer mäkelt an allem herum?
Wat den einen sin Uhl, is den annern sin Nachtigall?
Wer bezahlt mit Kröten?
Holl di fuchtig! Was soll denn das bedeuten?

Merkwürdige Tiere S. 125

Können Hunde Sommersprossen bekommen?
Warum schmeißen Geckos ganze Körperteile weg?
Was für ein selten hässliches Vieh ist der Blobfisch?
Was für ein Leben führen Bettwanzen?
Kräht ein deutscher Hahn anders als ein ungarischer?
Was ist eine Furzgrundel?
Warum sind Schwertfische so schnell?
Was verstehen wir unter einer Trockenstarre?
Haben Schlangen Beine?
Sind Fuchs und Gans wie Katz und Maus?

Famose Vögel S. 137

Welcher Vogel schläft am längsten?
Wer bescheißt seine Feinde?
Macht Krach immer krank?
Wie mafiös sind Kuckucke?
Wie schlafen Vögel, ohne vom Himmel zu fallen?
Wie gut können Vögel gucken?
Wie skurril sind Kaiserpinguine?
Wo finden wir den lautesten Vogel der Welt?
Was ist ein Pfeilstorch?
Was ist die Schnepfe für ein Vieh?

Kampf und Krieg S. 149

Wer schießt einen Bock?
Warum lassen wir uns ungern durch den Kakao ziehen?
Wer schreibt sich etwas auf die Fahne?
Wann sind wir blank?
Was ist ein Pyrrhussieg?
Warum ist die Rübenernte eine Kampagne?
Wer oder was ist eine Dreckschleuder?
Was lassen wir Revue passieren?
Wer hat sturmfreie Bude?
Viel Feind, viel Ehr'?

Antike und Literatur S. 161

Warum schlagen wir Bücher auf?
Was ist eine alte Vettel?
Was ist eine Xantippe?
Was bedeutet Non plus Ultra?
Wann sagen wir Nomen est Omen?
Wogegen ist kein Kraut gewachsen?
Ausnahmen bestätigen die Regel?
Wess' Brot ich ess, dess' Lied ich sing'?
Wer zuletzt lacht, lacht am besten?
Ist Reden immer Silber und Schweigen Gold?

Handwerk, Jagd und Landwirtschaft S. 173

Wem kommen wir auf die Schliche?
Was geht in die Brüche?
Was ist ein Flegel?
Wer hängt den Brotkorb höher?
Wann sagen wir, dass wir ausspannen?
Wer bekommt Oberwasser?
Den letzten beißen die Hunde?
Was hat einen Haken?
Was passiert Knall auf Fall?
Unkraut vergeht nicht?

Wunderliche Ausdrücke S. 185

Was verstehen wir unter einem Kopulationsregister?
Was ist die Schnapsdrossel für ein Vieh?
Wer stellt sich ein Armutszeugnis aus?
Was ist Kokolores?
Was ist Tabu?
Was ist ein Schlappschwanz?
Wer bekommt eine Tracht Prügel?
Was ist ein Satansbraten?
Was ist ein Strohwitwer?
Wer redet frank und frei?

Vermischtes S. 197

Was für ein Höllenvinstrument ist der Flitzbogen?
Wie sieht ein Elch aus?
Wie fleißig waren unsere Ahnen?
Was sucht der Turm beim Schach?
Warum spielen Schauspieler eine Rolle?
Was bedeutet unser ABC?
Riecht das Universum nach Bratenfleisch?
Seit wann wird im Dunkeln gemunkelt?
Warum ist Ohrenschmalz bitter?
Wie gefährlich ist Knutschen?

Essen und Trinken

Was ist ein Herrengedeck?

Das ist ganz einfach und trotzdem kompliziert. Es kommt nämlich darauf an, wo der zechwillige Pichelbruder sein Gedeck bestellt. Es gibt da teils erhebliche trinktechnische Traditionsunterschiede.

Grundsätzlich gilt: Das Gedeck ist eine vollwertige Mahlzeit, die ganz oder überwiegend aus flüssigen Nahrungsmitteln zubereitet wird! Nur in wenigen Regionen wird als Sättigungsbeilage noch ein Gewürzgürkchen serviert.

Im Westen des Vaterlandes und bei einigen angrenzenden Völkern besteht das eigentliche Gedeck, also die Hauptmahlzeit, aus Bier und Korn. Dabei variieren die kredenzten Sorten, je nach Landschaft.

Die Hopfenbrause ist meist Altbier, Pils oder Kölsch. Der Korn kann auch Kümmel, Kräuter oder Jenever sein. In Russland ist das Rezept klar mit Mengenangaben geregelt: 200 Gramm Bier plus 50 Gramm Wodka.

Im Osten unseres Vaterlandes gibt es derweil die größte Abweichung von der allgemeinen Herrengedecksrezeptur. Hier kommt zwar auch das Bier zum Einsatz, doch wird kein Korn, sondern eine kleine Flasche Sekt dazu gereicht. Anfänger verschnabulieren beides nacheinander. Profis kippen den Sekt in das dreiviertel volle Bierglas mit dazu, liebevoll, wie bei jedem guten Gericht, und genießen alsdann den Biercocktail.

Das Herrengedeck steht übrigens leider noch immer nicht auf der UNESCO-Weltkulturerbe-Liste!

Was ist Studentenfutter?

Dazu fällt dem Studiosus einiges ein. Meist soll es billig sein und in flüssiger Form ordentlich knallen. So verstanden zählt Studentenfutter im weiteren Sinne zu den wenigen Nahrungsmittelkategorien, bei denen die Frage: *Ist das gesund?* wirklich niemals gestellt wird.

Gelegentlich bezeichnen wir auch die kulinarische studentische Grundausstattung als Studentenfutter, bestehend aus Tabak, Bier und Korn.

Im engeren Sinne kennen wir das Futter seit dem 17. Jahrhundert. Ursprünglich bestand es nur aus Rosinen und Mandeln und war, weil Mandeln teuer waren, ein Snack für besser betuchte Studenten. Auch Pfarrer bedienten sich seiner, weshalb es ebenfalls als *Pfaffenfutter* bekannt war.

Vorderhand sollten die süßen Rosinen und die öligen Mandeln das Denkvermögen erhöhen und die Konzentration vor wichtigen Prüfungen anregen. In Wahrheit galten Mandeln als probates Mittel, um nach durchzechter Rauschnacht grässlichem Kater entgegenzuwirken.

Anfang des 19. Jahrhunderts wurde Studentenfutter als *Schleckerey deutscher Gymnasiasten und Burschen* beschrieben, was vielleicht ein Licht auf den interessanten Lebenswandel jener Gymnasiasten und Burschen wirft. Heute finden wir im alten Anti-Kater-Mittel auch allerlei anderes Trockenobst nebst Cashewkernen und weiteren Nüssen.

Wann schieben wir Knast?

Wenn wir vergaßen, die letzten drei Mahlzeiten einzunehmen, weil wir uns auf einer wunderbaren Party bemüßigt fühlten, den Hausherrn zu unterstützen, einmal gekaufte Getränke zu vernichten, dann haben wir hinterher nebst anderen Wehwehchen mächtig Knast!

Wir schieben den Hungerbruder vor allem in Ost- und Mitteldeutschland vor uns her. Besonders unangenehm ist es natürlich, im Knast Knast zu schieben. Doch Hunger- und Gefängnisknast haben nichts miteinander zu tun!

Der Kohldampfknast ist sprachverwandt mit einem uralten, plattdeutschen Wortgeflecht, um *knorren, knorz* und *knarz,* das lautmalerisch dunkle, dicke, knarrende Äste betagter Bäume meint. Up platt heit düsse Ast ok Knast, Äste sünd Knäst, wi kennen dat ut Reuter sien Eikboom: *Ik weit einen Eikboom, de steiht an de See; de Noordstorm de bruust in sien Knäst.*

Als knurzeliger Knorpel-Knast wurde dann auch der knorrige Kerl bezeichnet, und wie er so grummelt und brummelt, nannten wir es knasten oder knastern.

Weil aber auch der Magen bei Hunger so knarzt und knastert wie der knorrige Knastkerl, traten auch Magenknurren und Hunger der grummeligen Wortfamilie bei.

Der Gefängnisknast leitet sich dagegen von dem jiddischen *knaas* ab, was mal einfacherweise einfach nur *bestrafen* heißt.

Warum essen wir Gewürze?

Klare Antwort: weil es sie gibt, weil sie lecker sind und weil sie die Nahrung gelegentlich überhaupt erst genießbar machen!

Vegetarier kennen das: Selbst grausam-grässlich geschmacksneutraler Tofu kann sich in einen deliziösen Gaumengenuss verwandeln, wenn er nur halbwegs vernünftig gewürzt ist.

In Wahrheit lernte der Mensch im Laufe der Jahrtausende seiner Entwicklung, Kräuter und Gewürze nicht in erster Linie ihres Wohlgeschmackes wegen zu verwenden, sondern weil er spürte, dass sie ihm wirklich gut taten. Wir wissen, warum: Die meisten Kräuter sind auch Heilkräuter. Sie wirken anregend auf den Stoffwechsel, sie fördern Heilungsprozesse und machen etlichen Mikroben den Garaus, so dass mit ihrer Hilfe sogar leicht verdorbenes Fleisch und anderes angerottetes Zeug halbwegs genießbar bleibt.

Es gilt die Faustregel: Je wärmer eine Gegend, desto mehr wird gewürzt, je kälter eine Region, desto weniger Kräuter kommen zum Einsatz. Das hat nicht nur damit zu tun, dass in wärmeren Landen auch die Kräuter besser wachsen, denn wo verdirbt die Nahrung am schnellsten? Genau: unter brütender Hitze. Wohl bekomm's!

Warum sind Tafelmesser oben rund?

Normale Messer benutzen wir angelegentlich des Schneidens, Zerteilens und Aufspießens von Nahrung sowie weiterem schneid-, zerteil- und aufspießbarem Material. Jedes Steak-, Tranchier- und Taschenmesser besitzt dazu ein schönes spitzes Ende, welches das Messer auch zum Bohr- und Stocherinstrument macht.

Doch unsere Tafelmesser sind oben alle rund! Mit denen ist kein Stich zu machen, und schuld soll ein Franzose sein: Kardinal Richelieu, der mächtige Staats- und Kirchenmann. Er lebte vor 400 Jahren und litt unter den unguten Tischmanieren der guten Gesellschaft.

Vorzeiten war es ja üblich, noch ohne Gabel zu speisen, das Messer war also auch ein Nahrungs-Aufspieß-Instrument. Das allein sieht ungehobelt aus, doch stocherten sich die Esser auch in ihren Zähnen herum und klaubten der Unappetitlichkeit zum Trotze aus dem Munde, was ihrer Ansicht nach dort nichts zu suchen hatte.

Richelieu befand nun, die Messerspitze habe in den Zähnen nichts zu suchen und befahl, bei Hofe alle Tafelklingen oben abzuschleifen. Dieses Beispiel machte Furore und setzte sich allgemein durch.

Zum Zähneputzen bei Tische brachte Richelieu dann mit erheblichem Erfolg den Zahnstocher in Mode. Der Mann hat wirklich großes geleistet, für die Tischsitten allemal!

Was hat ein Stift bei Tisch zu suchen?

Genauer: ein Bleistift. Natürlich nichts, solange wir essen. Aber immerhin gibt es beim Schmausen und Spachteln den Bleistiftfehler, den wir gelegentlich zu sehen bekommen.
Der Bleistiftfehler fällt in die Rubrik des inkorrekten Benehmens. Bemerkt wird der Fehler gerne vom kleinkarierten, wohlerzogenen Spießer, der außerordentlich stolz darauf ist, im Umgang mit Messer und Gabel eine vorzügliche Meisterschaft erlangt zu haben.
Der Bleistiftfehler ist ein Haltungsfehler. Wenn Menschen ihr Besteck in der Beuge zwischen Daumen und Zeigefinger wie einen Bleistift umklammert halten, sprechen Kniggerianer vom fatalen Bleistiftfehler, denn Messer und Gabel werden umgriffen, als wolle der Esser damit schreiben und nicht schneiden oder schaufeln.
Bei richtiger Besteckhaltung liegt der Zeigefinger dagegen oben auf des Messers Griff, Daumen links und Mittelfinger rechts davon, als Flankenschutz und Stabilisierungshilfe.
Wird die Gabel als Schnitzelschneide- und Kartoffel-Quetschhilfe verwendet, sollte der Kniggekenner sie ebenfalls wie ein Messer halten; einzig wenn die Gabel als Schaufel dient, ist der Bleistiftgriff gestattet und wird nicht als Bleistiftfehler mit Spott geahndet. Aber nur dann!

Was besagt der Kinn-Nase-Stirn-Test?

Eines ganz klar vorweg: Wir sind nicht beim Schönheitschirurgen! Es geht nicht um ästhetische Fragen spitzer oder fliehender Kinne, flacher oder hoher Stirnen, die im Glatzenfalle irgendwann in den Hinterkopf übergehen. Wir beschäftigen uns auch nicht mit zweifelhaften Erkenntnissen, die sich aus Nasenform und -länge vorzugsweise von Männern ergeben könnten.

Nein, wir sind in der Küche beim Rindfleisch braten. Da gibt es drei Garstufen: blutig, medium und durch. Will der Koch wissen, wie fertig das Steak in der Pfanne ist, braucht er Erfahrung und seinen Daumen. Zu gegebener Zeit drückt er den Dickfinger auf das Brutzelfleisch und vergleicht es mit der Festigkeit von Kinn, Nase und Stirn.

Ist das Fleisch noch so wabbelig und weich wie das Hautgedöns seines Kinns, dann ist das Steak innen noch blutig. Federt es dagegen angenehm halbhart zurück wie eine vielversprechende Matratze oder eben Nasenspitze, dann ist es schon medium gebraten. Leistet das Steak dem Daumen schon solchen Widerstand wie der Druck auf die knochige Stirn, ist es ganz durch. In Fachkreisen ist diese letzte Garstufe vor der Verkohlung auch als Schuhsohle bekannt. Der Kinn-Nase-Stirn-Test ist also eine Pi-mal-Daumen-Methode, um herauszufinden, in welchem Zustand sich ein Steak befindet.

Wie teuer muss Wein sein?

Wenn er wirklich lecker schmecken soll, sollte der Schlabbersaft deutlich oberhalb der Zwanzig-Euro-Marke pro Flasche liegen. Je teurer, desto besser, das haben Forscher der Uni Bonn herausgefunden.

Da greift ein alter Satz aus Opas Zeit, de Oll hett up platt ümmer seggt: *Wat nix kost, dat döcht ok nix!* Was dagegen schön teuer ist, muss einfach etwas taugen. Da ist es auch völlig egal, ob der Wein tatsächlich ein edler Tropfen oder billige Plörre ist.

Die Forscher probierten das an etlichen Testpersonen aus. Sie verabreichten ihnen stets Wein aus derselben Flasche, sagten aber einmal, es sei teurer, ein andermal, es sei billiger Wein. Und siehe, der nur angeblich teure Rebensaft schmeckte allen durch die Bank viel besser. Warum?

Unser ebenso leichtgläubiges wie versnobtes Gehirn spielt uns einen Streich. Glauben wir, exzellente Qualität vor uns zu haben, springt das Belohnungssystem vor Freude im Quadrat und beschert uns eine Art sich selbst erfüllender Erwartung. Wir denken, es sei lecker, also empfinden wir es als lecker.

Der Selbstbetrug hat aber auch Grenzen: Ist der unedle Tropfen gar zu schlimm, merkt das selbst ein Gehirn, das geradezu betrogen werden will, und der Placebo-Effekt verpufft.

Aber bis zu einem gewissen Grad können wir uns über die Formel *teuer gleich gut* herrlich selbst übers Ohr hauen.

Was ist Schwerter-Kaffee?

Das ist ein deutsches, nennen wir es Getränk, vor dem Angehörige anderer Volksstämme panikartig die Flucht ergreifen. Schwerter-Kaffee ist der Inbegriff plörriger Brühe, die eng mit knickeriger Knauserei verbunden ist, und deren mildere Form wir als Blümchen-Kaffee kennen.

Im 19. Jahrhundert tauchen diese Kaffeesorten namentlich in der guten Gesellschaft auf. Jene Schicht zeichnet sich oft durch den Besitz besonders teurer Tassen vorzugsweise aus der Meißener Porzellanmanufaktur aus. Die hauchdünnen Meißener Trinkgeräte zeichnen sich wiederum durch ein besonderes Dekor aus: bunte, gestreute Blümchen am Tassenboden.

Serviert der Gastgeber seinem Gast einen Kaffee in besagter Blümchentasse, und kann der Gast durch den Kaffee hindurch die Blümchen sehen, ist das ein untrügliches Zeichen für den garstigen Geiz des Gastgebers, denn der Kaffee ist ungenießbar dünn, kaum mehr als Wasser, das mit etwas Glück noch leicht nach Kaffee riecht.

Getoppt werden kann das Gesöff nur durch den Schwerter-Kaffee. Auf der Unterseite der Meißener Tasse prangen als Markenzeichen ja die gekreuzten Schwerter, und wenn durch die zweifach dünne Schicht aus Kaffee und Porzellan sogar die Schwerter sichtbar werden, sprechen wir vom Schwerter-Kaffee. Ein Getränk mit homöopathischen Kaffeeanteilen.

Ist Fanta etwas für schlechte Zeiten?

Die sprudelgelbe Orangenbrause, die zum Coca-Cola-Imperium gehört, ist zumindest etwas *aus* schlechten Zeiten. Und sie wurde in Deutschland erfunden.

Der Reihe nach: Seit 1929 wird Coca-Cola in Deutschland verkauft. Das ging solange gut, wie die benötigten Rohstoffe verfügbar waren. Doch dann kamen Mangelwirtschaft und Krieg, und der Basis-Sirup aus Coca-Pflanze und anderen Zutaten war nicht mehr verfügbar. Die Produktion musste im Zweiten Weltkrieg eingestellt werden.

Das hätte das Ende des Coca-Cola-Unternehmens in Deutschland bedeutet, wäre da nicht der Chemiker Schetelig am Stammsitz in Essen gewesen. Er wollte eine Alternative entwickeln, ein Erfrischungsgetränk aus heimischen Rohstoffen.

Scheteling experimentierte etwas herum und verarbeitete 1940 schließlich Molke – ein Nebenprodukt bei der Herstellung von Käse – und Saft aus hierzulande erhältlichen Früchten wie etwa Äpfeln.

Das Ergebnis schmeckte zwar ganz anders als heute, konnte sich aber durchaus trinken lassen: *Fanta* war geboren. Der Name ist übrigens eine Kurzform aus dem Wort fantastisch. Jahre nach dem Krieg entwickelte sich das einstige Krisengetränk weltweit zu einem der größten Renner des Getränkeimperiums.

Länder und Landschaften

Woher hat das Sauerland seinen Namen?

Wir finden das possierliche Ländle im westfälischen Wald- und Berggebiet. Sauerländische Städte sind etwa Lüdenscheid und Iserlohn.

Doch der Name dünkt uns seltsam: Wohnen dort nur sauertöpfische Wutlinge? Können die Leute es in Sachen Mauligkeit und Mäkelei gar mit norddeutschen Sturköpfen aufnehmen?

Oder hadern die Sauerländer mit ihrem Schicksal, weil gleich nebenan das Siegerland liegt? Gab es hier mal eine Schlacht, deren Ausgang wir bis heute in Ländernamen nachvollziehen können? Mitnichten.

Das Siegerland hat mit Triumphen nichts zu tun, sondern entlehnt seinen Namen dem Flusse *Sieg*, der vom keltischen *sikkere* stammt und *schneller Strom* bedeutet.

Das Sauerland dagegen taucht als *Suderlande* zum ersten Male 1266 auf. Wenig später kennen wir in vielen Nordregionen etliche Suderlande. Als Herkunftsbezeichnung sind sie in Greifswald und Lübeck, Stralsund und Danzig geläufig. Nicht verwunderlich, denn dem liegt ein mittelniederdeutsches Wort zugrunde. Suder- oder Süderlande sind Südländer.

Erst mit dem Niedergang des Niederdeutschen wurde das westfälische Suderland in Sauerland verhochdeutscht, also das *u* zu *au* diphtongiert. Im Laufe der Zeit schwand dann das Wissen um den Hintersinn des Namens, als ursprünglich, von Dortmund und Münster aus betrachtet, einfach nur südliches Land.

Was ist ein Spa-Bereich?

Wir quasseln und kauderwelschen ja oft mal vor uns hin, ohne recht zu ahnen, was wir eigentlich sagen. Wir benutzen sprachliche Importware, weil sie schicker und weltgewandter klingt, als die altbackene, heimische Hausmannskost.

So ist in den vergangenen Jahrzehnten auch der Spa-Bereich eingewandert und verdrängt selbst in der schröddeligsten Hotelklitsche den alten Badebereich mit Schwimmbad, Sauna und Massageraum, Muckibude und sprudelnder Gemeinschaftsbadewanne.

Spa benutzen die Engländer als Namenszusatz für ihre Kurorte, so wie wir das Bad, wenn wir mal an Bad Doberan und Bad Reichenhall denken.

Auf die wundersame Idee mit dem Namenszusatz kamen die Insulaner, als sie im 18. Jahrhundert ein Städtchen in der belgischen Provinz Lüttich für sich und ihre Gebrechen entdeckten. Es war eine Stadt mit heilkräftigen Mineralwasserquellen, die schon seit der Römerzeit bekannt waren. Der Name der Stadt: Spa. Meyers Lexikon beschrieb die Spa-Bereiche von Spa vor reichlich hundert Jahren so:

Spa hat eine großartige Badeanstalt, Kasino, stattliche Gasthöfe, ist berühmt durch seine Mineralquellen, die gegen Bleichsucht, Blutarmut, Nervenschwäche, Herzleiden und die Moorbäder gegen Frauenkrankheiten empfohlen werden.

Spa: eine Stadt in Belgien, die es sprachlich bis in fast jedes Hotel gebracht hat.

Was ist das Skandinavier-Kreuz?

Wir finden es überall im Norden, von Island über Norwegen, Finnland und Schweden bis nach Dänemark, wo es seinen Ursprung hat. Es ist das zur Seite gekippte Philippuskreuz, das Marterinstrument, an dem der Apostel nach alter Legende gekreuzigt wurde. Nur soll das Kreuz eben nicht aufrecht gestanden haben wie bei Jesus, sondern: *Gesenkt war das Kreuz des Apostels Philippus, der waagerecht gekreuzigt wurde.*

Wir finden es seit dem Mittelalter im Wappen des 1048 gegründeten Ritterordens der Malteser. Von ihm vermutlich übernahmen die Dänen zunächst im 13. Jahrhundert das liegende weiße Kreuz auf rotem Grund. So sieht die Flagge Dänemarks, der Dannebrog, bis heute aus, die vermutlich älteste Nationalflagge der Welt.

Alle anderen Nordländerflaggen leiten sich vom Dannebrog ab. Der Grundzuschnitt ist immer gleich, nur die Farben wechseln. So ist das gelbe Kreuz auf blauem Grund der Schweden den Wappenfarben des dortigen Königshauses entnommen. Übrigens ist auch die schwedische Flagge verglichen mit den meisten anderen der Welt, die kaum älter als zweihundert Jahre sind, uralt, denn sie weht schon seit fast einem halben Jahrtausend über der Nordseite der Ostsee.

Wie skurril sind die Finnen?

Es ist ein Volk der Rekorde, im Land der tausend Seen, was fürchterlich untertrieben ist. In Wahrheit sind es ungefähr 190.000 Seen. Damit kommt auf 30 Finnen ein See. Weltrekord!

Außerdem gibt es dort die größte Holzkirche und das größte Schneerestaurant des Planeten. Finnland ist das sicherste und freieste Land der Erde. Und das durchgeknallteste, denn da werden Weltmeisterschaften im Frauentragen und Mückentöten ausgetragen.

Verwandt sind Finnen mit Esten und Ungarn. Sie wanderten in eisgrauer Vorzeit von Osten ein. In Ungarn gibt es den possierlichen Witz, warum Finnen oben in der Kälte und Ungarn unten in der Wärme wohnen: Im Laufe ihrer Volkswanderung gelangten die Finno-Ugrier einst an eine Weggabel, da stand ein Schild, das gen Süden zeigte, mit der Aufschrift *Ungarn*. Diejenigen, die lesen konnten, folgten dem Wegweiser. Der Rest ging nach Finnland. Den Witz kennen die Finnen natürlich genau anders herum. Und sie übernehmen gern aus anderen Sprachen wichtige Wörter. Machen die Weltmeister im Kaffeetrinken eine Kaffeepause, ist das eine *Kaffepaussi*. Und statt Prost sagen sie *kippis*, was auch aus dem Deutschen stammt, für kipp es runter.

Am 6. Dezember 1917 erklärten die Finnen ihre Unabhängigkeit von Russland und führten schon 1906 das Frauenwahlrecht ein, als erstes Land der Welt.

Warum sind norddeutsche Äcker so groß?

Der Nordmensch staunt, wenn er ländliches Gebiet im Süden seines Vaterlandes bereist, denn Felder, Häuser und Straßen scheinen zu schrumpfen.
Wo sich im Norden Felder bis zum Horizont dehnen, besticht der Süden durch Äcker, die eher putzig als praktisch wirken, und die Landstraßen erinnern mehr an verschwurbelte Irrgartenpfade als an ein halbwegs durchdachtes Wegesystem. Merke: Straßen werden erst durch Kurven schön!
Die durch das Wege-Tohuwabohu umzingelten süddeutschen Äckerchen sind gefühlt kaum größer als ein norddeutsches Badehandtuch. Wie kommt's?
Ganz einfach, das Erbrecht ist schuld! Über Jahrhunderte wurde bei Erbangelegenheiten südlich der Linie Erfurt – Marburg – Aachen die Realteilung vollzogen. Das bedeutet: Hat der Bauer fünf Kinder, bekommt jedes Kind den gleichen Erbteil an Haus und Hof und Ackerland. Folge: Alle bekommen etwas, aber keiner genug, um davon zu leben. Die Felder schrumpfen durch permanente Zerstückelung.
Anders im Norden: Hier galt das Anerbenrecht, die Primogenitur. Der Erstgeborene erhält alles, die jüngeren Geschwister gehen leer aus. Klingt vergleichsweise ungerecht, ist aber effektiv und vor allem wirtschaftlich, denn der Nordbauer kann über seinen Acker nicht drüber hinwegspucken!

Welches Geheimnis birgt die Riesenhöhle von Triest?

Wir finden sie im äußersten Nordosten Italiens, in Sgonegg bei Triest kurz vor der slowenischen Grenze. Das Atemberaubende: Es ist die größte begehbare Höhle der Welt!
Wandert der Höhlenforscher von der Triester Bucht nur wenige Kilometer hinein ins Binnenland, gelangt er in eine anmutig verwitterte Hügellandschaft, die von einem weitverzweigten Netz aus unterirdischen Flüssen, Seen und Höhlen durchzogen ist. Hier im Triester Karst liegt sie, die *Grotta Gigante.*
Im Jahre 1840 wurde die Höhle entdeckt, sogleich bewundert und flugs erforscht.
Doch mehr als ein halbes Jahrhundert verstrich, ehe sie für den Fremdenverkehr freigegeben wurde. Im Juli 1908 starteten die ersten Touristenführungen in der *Grotta Gigante,* damals noch geisterhaft und schattenreich durch Fackeln und bengalische Feuer erhellt.
Die Höhle ist etwa 76 Meter breit und fast 400 Meter lang. Wer auf ihrem Grunde steht und im Zwielicht emporblickt, sieht die verwittert-imposante Höhlendecke knapp 100 Meter über sich.
Damit ist die große Höhlenhalle so groß, dass in ihr ohne Zweifel und ohne Probleme selbst große Kirchen gemütlich Platz fänden. Heute wird die Riesenhöhle von Triest unter anderem für Konzerte genutzt.

Was verbindet die Deutschlandfarben mit Mecklenburg?

Nun, ohne Mecklenburg gäbe es unsere Nationalfarben gar nicht!

Ganz vereinzelt taucht die Schwarz-rot-gold-Kombination schon im Mittelalter auf, zum ersten Mal bei Kaiser Otto VI. Auf einem Bild trägt der Kaiser nicht nur eine fürchterliche Vokuhila-Lockenfrisur unter seiner Krone, nein, es prangt über ihm auf goldenem Grunde auch der schwarze Adler mit putzigen roten Füßen.

Als echte Nationalfarben tauchen schwarz-rot-gold aber erst im 19. Jahrhundert auf, eher durch Zufall.

Wir schreiben das Jahr 1813. Major Ludwig Adolf Wilhelm von Lützow gründet sein legendäres Freiwilligenkorps im Kampf gegen Napoleon. Seine Mannen kommen aus allen Ecken des Reiches und bringen als Uniform eigene Klamotten mit, in allen möglichen Farben. Das geht natürlich nicht! Also kommt das Zeug in die Wäsche und wird, weil es so am einfachsten ist, schwarz gefärbt. Dazu gibt es goldene Messingknöpfe. Die waren damals fast überall dran, weil billig zu kriegen.

Um Lützows Schwarze Jäger von anderen, ähnlich ausstaffierten Soldaten zu unterscheiden, bekamen sie durchweg rote Papseln verpasst, das sind die Aufschläge an Ärmeln und Kragen. Tja, und weil die Truppe zum Aushängeschild im Freiheitskampf wurde, entwickelten sich aus ihrer Uniform bald die deutschen Nationalfarben.

Und Mecklenburg? Herr von Lützow entstammte ganz einfach dem alten mecklenburgischen Adelsgeschlecht derer von Lützow.

Wo finden wir das kleinste Hochgebirge der Welt?

Es ist ebenso putzig wie imposant, muggelig wie atemberaubend!

Putzig und muggelig, was seine Ausdehnung betrifft. Gerade 50 Kilometer lang und maximal 15 Kilometer breit, macht zusammen 780 Quadratkilometer, was exakt der zusammengerechneten Größe der Ministaaten Malta und Andorra entspricht.

Auf dieser im Weltmaßstab winzigen Fläche hat die Natur jedoch wahrhaft Imposantes zu bieten: atemberaubende Hochgebirgsgipfel und romantische Täler, verwunschene Burgen und kristallklare Seen, grandiose Wasserfälle und märchenhafte Höhlen.

Es ist die Hohe Tatra. Hier beginnen die sagenumwobenen Karpaten. Hier recken sich zwei Dutzend Berge mehr als zweieinhalbtausend Meter gen Himmel, schmiegen sich pittoreske, schmale, mehrstöckige Holzkirchen in den Schatten zerklüfteter Felsen, streifen Braunbären und Wölfe über die Kämme der Berge und durch die Furten der Flüsse.

Ein Viertel der Hohen Tatra gehört heute zu Polen, der große Rest zur Slowakei, früher Oberungarn. In den alten Komitaten Liptau und Zips haben die Magyaren unübersehbare Spuren hinterlassen, etwa die Ruine von Szepesvár, die Zipser Burg, Weltkulturerbe und Kulisse für ungezählte Märchenfilme, die das Guinness-Buch der Rekorde als eine der größten Burganlagen Europas führt.

Wie kommt Gibraltar zu seinem Namen?

Britisches Überseegebiet in Spanien! Das imposante, aber nicht einmal sieben Quadratkilometer kleine Felsenstück an der Südspitze der Iberischen Halbinsel hat einige Kuriositäten zu bieten, inklusive der Berberaffen, die sich auf ihrem Affenfelsen tummeln.

In den teils nicht ganz so schönen Häusern auf der eher karg bewachsenen Felsenzunge tummeln sich auch mehr als 30.000 Menschen. Damit zählt Gibraltar zu den am dichtesten besiedelten Regionen der Erde.

Außerdem siedeln wir und siedelten gar die Verwandten unserer Ahnen auf jenem Felsenfleck schon vor sehr, sehr langer Zeit. Gibraltar gilt als letzter Rückzugsort der Neanderthaler vor 28.000 Jahren. Die Höhlen dort sind legendär.

Und dann war da noch ein gewisser Tarik ibn Ziyad, der im Jahre 711 über das Mittelmeer dorthin schipperte. Nicht ganz allein, zugegeben. Der maurische Feldherr nahm siebentausend Kämpfer mit und eroberte im Handumdrehen zuerst den Felsen, dann Córdoba, Málaga und Toledo und sorgte dafür, dass das dortige Westgotenreich unter König Roderich unterging. Eine jahrhundertelange maurische Herrschaft begann.

Und der Felsen erhielt den Namen des Feldherrn: Djabal al Tarik, zu deutsch: Berg des Tarik. Im Laufe der Geschichte verschliff und verkürzte sich Djabal-al-Tarik dann zu Gibr-al-tar.

Welches Geheimnis birgt die Flagge Israels?

Wir sehen zwei blaue Balken auf weißem Grund und in der Mitte ein blaues Hexagramm, das Siegel Salomos, vielen besser bekannt als Davidstern. Wie das Kreuz der Christen, ist dieser Stern eines der wichtigsten Symbole der Juden.
Israels Flagge ist so seit 1948 in Gebrauch. Entworfen hatte sie der jüdische Kaufmann David Wolffsohn schon ein halbes Jahrhundert früher, als Flagge für den Zionistenkongress 1897 in Basel. Das war eine Zusammenkunft jener Juden, die von einem neuen Anfang in Palästina, auf altem angestammten, biblischen Boden träumten.
Wolffsohn nahm für die Flagge den traditionellen jüdischen Gebetsschal, den Tallith, als Vorlage. Der Tallith ist ein weißes Fransentuch, das sich Juden beim Beten über den Kopf werfen. Weiß ist die Farbe Gottes und der Reinheit.
Zusätzlich ist der Schal ursprünglich mit blauen Streifen verziert, einem ganz besonderen Blau, dem das auf der israelischen Flagge nachempfunden wurde: Es ist ein strahlendes Himmel- oder Meerblau, hebräisch *techelet*, für das es in anderen Sprachen keine genaue Entsprechung gibt.
Was es bedeutet, sagt ein antiker jüdischer Text. Techeletblau stehe für die Farbe des Mittelmeeres, das einen Widerschein des Himmels spiegelt, vom Throne Gottes. Eine schönere, poetischere Erklärung für die Farbe einer Flagge lässt sich kaum finden.

Ist Rio de Janeiro die Hauptstadt Portugals?

Nach so einer Frage sollte der Arzt zum Fiebermessen kommen! Oder zur Pegelkontrolle, ob Restblut noch im Alkohol des Fragers vorhanden sei.

Wie sollte die brasilianische Metropole Hauptstadt eines europäischen Landes sein? Ist sie auch nicht, keine Bange. Aber sie war es mal!

Von 1807 bis 1811 fungierte Rio de Janeiro als Hauptstadt Portugals, und das kam so:

Ein kleiner Gernegroß aus Frankreich namens Napoleon zog aus, um Europa zu erobern. Als er nach Portugal kam, floh König Johann VI. samt Familie übers Meer in die Kolonie und regierte während der Besetzung des Mutterlandes vom anderen Ende des Ozeans aus das portugiesische Weltreich. Damit übernahm Rio als Regierungssitz die Hauptstadtfunktion für das kurzfristig abhandengekommene Portugal gleich mit.

Aber mit hauptstädtischen Provisorien kennen sich die Portugiesen ja sowieso gut aus. Stichwort Lissabon. Zwar ist die Stadt de facto Portugals Hauptstadt, von der Napoleonischen Zeit einmal abgesehen, schon seit 1256. Aber rein rechtlich betrachtet, besitzt Portugal gar keine Hauptstadt! Lissabon ist nur Hauptstadt der gleichnamigen Region und des Regierungsbezirkes. Es gibt kein einziges Dokument, das der Stadt den offiziellen Hauptstadtstatus auch über das ganze Land zuerkennt!

Wo liegt Rhodopolis?

Ein mystischer Ort unter südlicher Sonne? Dem mittelländischen Meere nah, mit marmornen Tempeln und edlen Götterbildern? Eine Stadt, deren Gärten sich von Orangenbäumen durchduften lassen? Wo Feigen wie Unkraut wachsen, aus uralten Mauernnischen? Rhodopolis!
Ach hören wir auf zu spinnen! Feigen und Apfelsinen kennt die Stadt nur als Importware. Was hier wächst, sind Rüben und Kartoffeln.
Wir befinden uns an Mecklenburgs Ostseeküste. Im Mittelalter wurde es schick, den Namen wichtiger Orte einen griechischen oder lateinischen Anstrich zu verpassen. Das klang weltgewandter. Und angeberischer.
Rhodopolis, pah! Wer dahin fuhr, der steuerte in Wahrheit Rostock an, die herrliche Hansestadt, deren echter Name slawischen Ursprungs ist.
In eisgrauer Vorzeit siedelten dort Stämme der Kyzziner oder Kessiner, die der Warnow ihren Namen gaben, der übersetzt ungefähr Raben- oder Krähenwasser bedeutet. Und sie verpassten auch der Siedlung, die sich in die auseinanderfließenden Mündungsarme zwängte, ihre Bezeichnung. Dabei heißt *roz* auseinander, und *tok* ist der Fluss. Mithin bedeutet Rostock soviel wie die Stadt, die da liegt, wo der Fluss auseinander geht.
Tja, kreativ ist etwas anderes, aber wir haben uns daran gewöhnt.

Was hat Stavenhagen mit der Hagebutte zu tun?

Viel natürlich, denn auch in Stavenhagen wachsen Hagebutten!

Im Ernst: Es ist der *Hag,* der sie verbindet. Ein Begriff, der leider auf dem Friedhof vergessener Wörter tief begraben liegt. Sagte heute jemand: *Schatz ich geh mal den Hag schneiden!* oder *Liebling, im Hag brütet die Amsel!* bekäme der Sprecher ein veritables *Hä?* um die Ohren gehauen.

Klarer wird es, wenn wir wissen, dass im *Hag* ein germanisches Wort wurzelt, das wir bis ins 8. Jahrhundert als *hac* zurückverfolgen können, und das so viel wie Dorngestrüpp oder Umfriedung bedeutet und noch in unserem Gehege sowie der Hecke nachklingt.

Ein *Hag* war ein umzäuntes Gebiet, auch umfriedeter Wald und die Hecke selbst. Die Hagebutte ist ein typisches Heckengewächs, daher der Name: Hag steht für Hecke, und die Butte hat etwas mit Butzen zu tun, ein altes Wort für eine knubbelige Verdickung.

Neben der Hagebutte kennen wir noch andere Heckengewächse, die allesamt den Hag im Namen führen, wie die Hagebuche, die wir heute meist Hainbuche nennen oder der Hagedorn, also der Weißdorn.

Für Ortsnamen gilt gleiches, Hag oder Hagen im Namen deuten auf ein ehemals umfriedetes und dann gerodetes Gelände hin, wie bei Stavenhagen, Hinrichshagen und auch der holländischen Stadt Den Haag.

Was ist ein Löwendom?

Tiere vor, an, in und über Kirchen kennen wir allenthalben. Es sind Wesen, die eine wichtige, symbolische Rolle im christlichen Glauben spielen, etwa die Wetterhähne auf Türmen und die Lämmer auf Altarbildern. Auch Löwenbilder kennen wir. Meist ist der potente Großkater das Symboltier für den Evangelisten Markus.

Daneben gibt es im Norden Deutschlands aber noch vier echte Löwendome. Vor ihnen stehen überlebensgroße Löwen, die mit der Bibel wenig zu tun haben, sondern nach fast tausend Jahren noch an einen ganz bestimmten Mann erinnern: Heinrich den Löwen, Herzog der Sachsen und Bayern.

Anno 1147 unternahm Heinrich seinen Wendenkreuzzug, um das Land auch östlich der Elbe, Mecklenburg und Pommern, zu christianisieren. Etliche Kirchen gehen auf den Herzog zurück, und vier von ihnen sind die berühmten Löwendome, in Lübeck, Ratzeburg, Braunschweig und Schwerin.

Vor diesen Domen stehen und wachen Kopien des Braunschweiger Löwen. Dieser Bronzeguss, den Heinrich 1166 als Zeichen seiner Herrschaft anfertigen ließ, ist die älteste erhaltene mittelalterliche Großplastik nördlich der Alpen – knapp 18 Zentner schwer und fast drei Meter lang. Der Löwe trägt dabei den Kopf so hoch, dass ihm ein ausgewachsener Mann gut in den aufgerissenen Rachen gucken kann. Heinrichs Löwendome: immer eine Reise wert!

Warum heißt die Seufzerbrücke Seufzerbrücke?

Wer die Lagunenstadt Venedig besucht, wird neben dem fürchterlichen Gegurre der Flugratten, wie manch mürrischer Mäkelmax ganz liebevoll ganz gern die Heerscharen fettgefütterter Stadttauben nennt, auch des Markusdoms, des Dogenpalastes und der Seufzerbrücke gewahr.
Um letzteren, vierhundert Jahre alten Kalksteinbau ranken sich hochromantische Legenden, genau das richtige für Menschen mit Sinn für kuriose Kitschgeschichten:
Wenn ein Liebespaar in einer Gondel unter der Brücke hindurch fährt und sich dabei küsst, soll die Liebe das ganze Leben währen. Aber nur, wenn es bei Sonnenuntergang knutscht, während die Glocken des Markusdomes läuten. Dem Seufzen und Stöhnen meist knutschend ineinander verknäulter, im Liebestaumel begriffener Jungmenschen verdankt die Brücke also ihren Namen? Mitnichten!
Der Romantiker Lord Byron hat ihn im 19. Jahrhundert ersonnen. Aber er meinte ein ganz anderes Seufzen. Die Brücke verbindet ja den Dogenpalast mit dem Knast von Venedig. Vorzeiten mussten die Gefangenen diesen Weg nehmen, um nach dem Richterspruch in ihre Zellen zu gelangen. Sie konnten durch die Gitterfenster einen letzten Blick auf die Lagune und die Freiheit erhaschen. Ihr trostloses Seufzen hallte über das Wasser und stand Pate für den Namen dieses außergewöhnlichen Bauwerks.

Was ist das Jerusalem-Syndrom?

Es ist eine Art Psychose, akute seelische Störung, die Jahr für Jahr bis zu hundert Menschen befällt, die die einzigartige Stadt bereisen.
Jerusalem, die Heilige! Nirgends sonst auf der Welt taucht der Mensch in einen solchen Kosmos politischer und religiöser Geschichte wie dieser Stadt ein.
Hier steht das einzige, wirklich wahre Heiligtum der Juden, die Klagemauer. Das ist die stehengebliebene Westwand jenes Tempels, der Wohnstatt Gottes auf Erden, die 70 nach Christus von den Römern zerstört wurde. Hier finden wir die Gräber biblischer Propheten und Könige, hier hat Jesus gepredigt, hier ist er gekreuzigt und begraben worden und nach christlichem Glauben auferstanden. Jeder Stein, jede Mauer und die 2.000 Jahre alten Ölbäume im Garten von Gethsemane atmen Weltgeschichte. Menschliche Spuren sind bis zu 7.000 Jahre alt.
Wer sich zu sehr von dieser unvergleichbaren Atmosphäre gefangen nehmen lässt, den ereilt das Jerusalem-Syndrom. Es ist eine Art Wahnvorstellung. Der Betroffene denkt, er selbst sei nun einer dieser Propheten, deren Erbe ihn an jeder Straßenecke begegnet.
Eine mildere Form des Jerusalem-Syndroms ist die Liebe: Es gibt etliche Menschen, die besuchen die Stadt und sind aus dem Stand so verzaubert, dass sie ihre Zelte zu Hause abbrechen und für immer in Jerusalem bleiben.

Was ist das Museum für ein Ort?

Das ist ein herrliches Fleckchen Erde, angefüllt mit Kunst und Kitsch, Tand und Trödel, Büsten und Bildern. Das Museum treibt uns unserer Vergangenheit entgegen sowie manch Kunstbanausen in den Wahnsinn, vor lauter Langeweile.

Museen zeigen, was wir von unseren Altvorderen ererbt haben, vom Holzpflug bis zur Mona Lisa. Die Sammlungen gingen seit der Renaissance aus privaten oder kirchlichen Kunst- und Wunderkammern hervor, die neben Bilder und Bücher, auch Exotisches beherbergten: Kurioses und Rares aus fernen Ländern, Gold und Silber, geheimnisvolle Artefakte.

Die Wurzeln des Museums reichen aber noch viel weiter, bis in die griechische Antike zurück. Das *museion* ist dort ein Tempel der Musen, jener Schutzgöttinnen der Künste. Die bekanntesten: Euterpe, die Muse der Lyrik, Thalia, die Muse der Komödie und Urania, die Muse der Astronomie. Später wandelte sich das *museion* in ein Heiligtum für Schöngeister und Forscher.

Im legendenumwobenen *museion* von Alexandria versammelten sich seit dem 3. vorchristlichen Jahrhundert Gelehrte und deren Schüler. Sie diskutierten über Musik, schwafelten über Alchemie, schwelgten in erotischer Liebeslyrik. Nebenbei übersetzten sie noch das Alte Testament ins Griechische. Das Museum: ursprünglich ein echter Musen-Tempel!

Wer hat den Palast erfunden?

Das reich dekorierte Gebäude ursprünglich recht reicher Familien finden wir vielerorts, zur Freude fotografierender Touristen wie zur Bürde nachgeborener Eigentümer, denn so ein Palast sieht nur dann palastig-prächtig aus, wenn ihm immer wieder und in rauhen Mengen Geld in den nimmersatten Rachen geschmissen wird.

Doch dann erstrahlt er: wie der Buckingham-Palast in London, der Dogenpalast in Venedig und der Palazzo Spada in Rom. Überhaupt: Italien! Das Land ist voll von den Dingern. Jahrtausendealte Paläste stehen lustig in der Gegend herum und wärmen ihre morschen Mauern unter gleißender, südlicher Sonne. Kein Wunder, dass es so viele sind, denn sie wurden dort erfunden, genaugenommen in Rom.

Der vornehmste der sieben Hügel, auf denen die ewige Stadt gegründet wurde, ist der Palatin. Die mächtigsten und bekanntesten Römer wohnten hier. Catull und Cicero, auch die Kaiser Augustus, Nero und Domitian.

Und weil die Prachtbauten standen, wo sie standen, nämlich auf dem Palatin, dem antiken Palatium, hießen sie Palazzi. Fast alle anderen Sprachen übernahmen das Wort: französisch Palais, englisch Palace, ungarisch Palota – immer steckt der römische Palatin-Palazzo dahinter. Er selbst entstammt übrigens der Pales, einer archaischen Hirtengöttin, die noch aus den Tiefen der Mythologie zu uns heraufschimmert.

Was sind Schwarmstädte?

Es könnten Orte sein, in denen man sehr schnell seinen Schwarm findet, einen Lebensabschnittsbegleiter, weil die Menschen dort extrem neugierig oder hübsch und sexy, tabulos oder fortpflanzungswillig sind.

Oder es könnten Städte sein, für die besonders viele Menschen schwärmen. Und wirklich, wir kommen den Schwarmstädten näher, es wird wärmer, interessanter und jünger, aber auch enger und teurer.

Forscher vergleichen Menschen mit Schwärmen von Vögeln: Der Nachwuchs steigt aus seinen Dörfern und Kleinstädten auf, verlässt sie und schwärmt aus, hinein in die Schwarmstädte, weil es dort einfach mehr Klubs und Szenekneipen gibt, Bioläden und Fitness-Studios als auf dem platten Land.

Längst sind es nicht mehr nur die Metropolen, in die das Jungvolk zieht. In Schwärmen fallen die Schwärmer auch über andere Orte her:

München, Leipzig und Dresden stehen zwar ganz oben, übrigens weit vor Hamburg und Berlin, aber auch Rostock, Kiel und Halle erfreuen sich regen Zuzugs junger Schwärmer.

Natürlich werden dort Wohnungen rar und teuer, aber der Sog des Neuen lässt noch der Jugend ihren Lauf, solange, bis das Wohnen dort zu eng und teuer wird, denn dann, sagen Forscher, entwickelt sich oft eine Gegenschwarmbewegung, aus den Städten zurück aufs Land.

Was ist ein Weichbild?

Es gibt viele Weichdinge, die uns nicht immer schmecken: Weichkäse ist vielen zu stinkig; Weichschnecken sind uns zu gefräßig; Weichgekochtes ist manchen zu matschig; Weichspüler zu duftig, und Weichteile sind einfach immer zu empfindlich.

Doch was soll ein Weichbild sein? Ein ganzes Gemälde, aus Wachs gegossen und aus Knete geformt? Oder das faltenlose Portrait eines 80jährigen, das durch Weichzeichnertricks ewige Jugend suggeriert?

Mit alledem hat das Weichbild nichts zu schaffen. Wir kommen ihm auf die Spur, wenn wir wissen, dass *weich* hier nichts mit schwammig und schwabbelig, biegsam und geschmeidig zu tun hat, sondern auf ein altes Wort für Dorf und Siedlung zurückgeht: die Wiek.

Bei uns sind Wieken zunächst Meerbusen und Buchten. Später hießen auch die Orte, die an den Buchten entstanden, Wiek, und der Begriff wurde allgemein zum Synonym für jedwede Siedlung oder Stadt.

In diesem Wiek also wurzelt das Weich im Weichbild. Mithin dürfen wir es als Stadtbild oder Stadtansicht übersetzen. Den Anblick einer Skyline, die Silhouette eines Ortes mit seinen Kirchtürmen, Schlossmauern und anderen prägenden Gebäuden und Geländeformationen bezeichnen wir seit dem Mittelalter als Weichbild.

Wer hat das Gebiss erfunden?

Wir sprechen hier von den künstlichen Beißern des Menschen! Ganz allgemein klappern unsere Zähne, wenn wir frieren, und sie knirschen, wenn wir sauer sind. Bisweilen laufen wir erschöpft auf dem Zahnfleisch und beißen uns, obgleich wir bis an die Zähne bewaffnet sind, bei dem, der Haare auf den Zähnen hat, die Zähne aus.

Zahnweisheiten gibt es viele, und der Zahnersatz beschäftigt Menschen, seit es Zahnschmerzen gibt. Schon vor 5.000 Jahren klempnerten heilkundige Menschen an den Zähnen ihrer Mitmenschen herum, etwa die Ägypter, Etrusker, Mayas und Phönizier.

Kaputte Beißer wurden damals oft durch Elfenbein und andere Tierzähne ersetzt. Die sahen aber nur gut aus und saßen nicht sonderlich fest; zum Essen mussten sie meist herausgenommen werden.

Etwa 660 nach Christus gab es dann die ersten Füllungen aus Silberamalgam. Und kurz nach 1500 kam in Japan die Vollprothese in Mode: Das Gerüst der Gebissprothese bestand aus Holz, die Zähne aus Marmor oder geschnitzten Tierknochen.

Dann der Durchbruch: Anno 1744 baute der französische Apotheker Alexis Duchateau die erste Porzellanprothese. Das war die Geburtsstunde des modernen Zahnersatzes.

Der beste Zeitpunkt, den Zahnarzt zu wechseln, ist übrigens, wenn dem Patienten neue Goldzähne empfohlen werden, während der Doktor in einer Zeitschrift für Luxusjachten blättert.

Wer hat die Krawatte erfunden?

Obwohl sich heute selbst Frauen so etwas manchmal um den Hals tüdern, ist und bleibt die Krawatte doch ein Männer-Verkleidungsstück. Es ist uns als modisches Beiwerk seit 400 Jahren bekannt.

Die ersten Krawattenträger waren kroatische Krieger. Wir tauchen in die Geschichte furchtbarer Verwüstung ein. Im 17. Jahrhundert stöhnt Europa unter den Lasten des 30jährigen Krieges. Für die kaiserlich-katholischen Truppen kämpfen auch 20.000 kroatische Reiter. Diese Söldner stoßen im Norden bis Rügen vor, und im Westen beglücken sie kurz nach dem Krieg den französischen Hof durch ihre Anwesenheit.

Während einer Militärparade um das Jahr 1660 wurde Sonnenkönig Ludwig XIV. auf sie aufmerksam. Eigentlich wollte man den Kroaten für ihre Kriegskunst danken, doch viel interessanter schien den modeverrückten Franzosen das um den Hals geknöpelte Tuch der Reiter, dessen Enden bis auf die Brust herabhingen.

Flugs wurde die Soldatenmode ins zivile Leben übertragen und veredelt, et voilà: Die Krawatte war geboren, benannt nach ihren Erstträgern, *cravate, horvát,* zu deutsch Kroate.

Zwar trugen schon Ägypter und Römer gelegentlich Halstücher, auch Ritter, damit ihre Helme nicht so am Halse scheuerten, aber die spezielle schlipsige Art, das Tuchwerk bis auf den Bauch herabhängen zu lassen, haben uns kroatische Söldner beschert.

Wer war Friedrich Wilhelm Buttel?

Friedrich – wer? Kaum einer kennt ihn, und das ist schade, denn er war ein begnadeter Baustofferfinder, gebürtiger Preuße und Wahlmecklenburger.
Aufgewachsen im südpreußischen Meseritz, wurde Buttel dort zunächst Maurer, kämpfte dann bei Waterloo gegen Napoleon und wurde schließlich das, was wir heute einen Baumeister nennen.
Durch Vermittlung seines berühmten Baumeisterlehrers Schinkel wurde Buttel Großherzoglicher Oberbaumeister des Landes Mecklenburg-Strelitz. Buttel siedelte sich in Neustrelitz an und widmete sich einem furchtbar fruchtbaren Leben: Seine Frau gebar ihm eine ganze Fußballmannschaft Kinder, insgesamt elf. Er selbst entwarf jede Menge klassizistischer Bauwerke und gestaltete viele Schlösser und Kirchen um. Beispielsweise tragen die Neustrelitzer Stadtkirche, die dortige Orangerie, das Rathaus und die Schlosskirche allesamt Buttels Handschrift.
Aber der Mann wollte nicht nur schön, sondern auch gerne billig bauen, kein Wunder in dem chronisch klammen Großherzogtum. Also sann und suchte er nach günstigen, aber haltbaren Baumaterialien.
Im Jahre 1842 brachte er dann eine Art Baumeister-Handbuch heraus, in dem er zum ersten Mal den Gebrauch geteerter Pappe für den Einsatz auf Flachdächern beschrieb. Buttel sei Dank wurde also in Mecklenburg die geteerte Dachpappe erfunden!

Was verstehen wir unter Acta Diurna?

Es klingt vorderhand nach zweifelhaftem Vergnügen. Den Akt und die Akte finden wir beim Gerichtsvollzieher wie beim Aktmaler. Und im Umfeld fröhlich-frivolen Beischlafs bezeichnet der Akt die Nummer, die geschoben wird, als solche.

Im lateinischen Original meint *actus* ganz allgemein eine Handlung oder einen Vorgang, ein Geschehen. Die Acta Diurna enthielten das Tagesgeschehen von Politik über Kultur bis hin zu Klatschgeschichten, Gerüchten, Gerede und Gemunkel.

Julius Cäsar führte die Acta Diurna im Jahre 59 vor Christus in Rom ein. Es waren die ersten Tageszeitungen der Welt! Sie erschien vermutlich noch nicht jeden Tag, aber immerhin mehrmals pro Woche. Und sie enthielten schon alles, was noch heute in Zeitungen steckt: Gerichtsprozesse und öffentliche Bekanntmachungen, ein bisschen politische Propaganda und natürlich jede Menge Tratsch aus der guten oder jedenfalls gehobenen Gesellschaft.

Veröffentlicht wurden die Acta wohl als Anschlagzettel auf den großen Plätzen Roms, vervielfältigt durch private Abschreibefirmen, die sie auch in abgelegene Provinzen verschickten.

Die Tagesberichte erschienen regelmäßig mindestens 300 Jahre lang. Und sie lieferten auch schon erste Bildberichte, die Vorläufer der Foto-Story, all das vor zweitausend Jahren.

Wer hat das Nike-Logo erfunden?

Gute Dinge sind oft einfach. Da steht ein rund geschwungenes, gelbes M als Markenzeichen für eine Schnellimbisskette, drei parallele Streifen für eine deutsche Sportschuhfirma und, noch einfacher, ein einzelner, gebogener, sich nach hinten verjüngender Strich, der *Swoosh,* als Symbol für einen anderen Turnschuhfabrikanten, die Firma Nike.

Das Unternehmen wurde 1971 im US-Staat Oregon gegründet und erhielt im selben Jahr sein Logo. Der Firmengründer wollte etwas, das Bewegung und Geschwindigkeit symbolisiert. Die Graphikstudentin Carolyn Davidson entwarf ihm den Swoosh und wurde dafür recht übersichtlich bezahlt – mit ganzen 35 Dollar!

Ein gutes Jahrzehnt später, als sich Nike am Markt schon einen Namen gemacht hatte, überreichte ihr der Firmenboss dann generös einen Diamantring samt Aktienpaket. Letzteres war aber auch nicht der Brüller, denn es war gerade 150 Dollar wert.

Frau Davidson musste trotzdem nicht darben, denn später sollen ihre Aktien mehr als eine halbe Million wert gewesen sein.

Bleiben noch zwei Fragen: Was bedeutet das Logo? Es ist ein stilisierter Flügel der griechischen Siegesgöttin Nike, von der die Firma den Namen entlieh. Und die Aussprache? Deutsche und Engländer sagen meist *Naik,* das amerikanische Original lautet *Naikie.*

Wer hat den Eistee erfunden?

Das supersüße Sommerbegleitgetränk erinnert den Mäkler mehr an zuckerisierten Flüssigkleister als an einen Trunk, den aufrecht gehende, denkende Daseinsformen zu sich nehmen könnten oder sollten.
Es gibt Eistees, deren Teegehalt bei homöopathischen 0,1 Prozent liegt. Der Zuckeranteil dagegen lässt manch Cola neidvoll erblinden; 75 Gramm pro Liter sind keine Seltenheit. Mit dem Eistee-Original hat dieses Schlabberwasser nur noch den Namen gemein. Geeiste Tees finden wir sporadisch seit Mitte des 19. Jahrhunderts. Als an den ersten Kühlschränken gebastelt wurde, kamen die Engländer auf die famose Idee, ihren geliebten Schwarztee für heiße Tage kompatibler zu machen. Also kühlten sie den Tee und schütteten reichlich Zitronensaft mit Zucker hinein.
Der weltweite Siegeszug begann aber erst viel später. Den Anstoß dazu gab am 10. Juni 1904 der Engländer Richard Blechynden auf der Weltausstellung in St. Louis/USA. Es waren außergewöhnlich heiße Tage, und Richards in gekühlten Bleirohren geeister Tee kam außergewöhnlich gut an.
In Deutschland werden heute fast 700 Millionen Liter pro Jahr verkauft. Dabei sind wir wahre Spätzünder, denn der erste Eistee kam in Westdeutschland erst 1973 auf den Markt.

Seit wann gibt es Kindergärten?

Ihre Zeit begann mit der Industriellen Revolution, als massenhaft Familien in die Städte zogen, um in Fabriken zu arbeiten und dabei genauso massenhaft ins Elend sanken. Kinder verwahrlosten in Scharen, und immer mehr Menschen, meist Lehrer und Pastoren, nahmen sich ihrer an.
Der vermutlich erste war Johann Friedrich Oberlin, Pastor aus dem Elsass. Um 1770 gründete er für drei- bis siebenjährige die erste Kleinkinderschule. Er sah, dass alle Kinder lernen können und lernen wollen, wenn man sie lässt.
In Oberlins Kindergarten lernten die Lütten biblische Geschichten und Volkslieder, Erdkunde, Geschichte, Tier- und Pflanzenkunde. Und die Mädchen lernten stricken, damit sie später in Heimarbeit etwas Geld verdienen konnten.
Über die Zustände seiner Zeit sagte Oberlin einmal, nachdem er eine arme Familie besucht hatte: *Die Kinder kamen um mich herum zu stürmen. Ich konnte mich der Tränen nicht enthalten, da ich die üble Auferziehung, die sie hatten, betrachtet, an einem Orte, wo Fluchen, Schelten, Schwören, Schlagen, Raufen häufiger als Brot sind.*
Für solche Kinder gründete er seinen Kindergarten. Eltern und Erziehern schrieb er ins Stammbuch: *Erzieht eure Kinder ohne zuviel Strenge, mit andauernder zarter Güte, jedoch ohne Spott.*
Diese Zeilen schrieb Oberlin vor mehr als 200 Jahren.

Was ist ein Ackerschnacker?

Ein Schnacksack, der auf freiem Feld, stundenlang ins Handy quatschend, dem lieben Gott die Zeit stiehlt? So ungefähr! Nur ist es nicht der Schnacker selbst, sondern sein Schnackgerät.

De Plattdütsche kennt den Ackerschnacker siet ein Reig vun Johrn för den mobilen Klön- un Klötterkasten, denn wenn ein Sprak lebennig blieben sall, moet ein sik för niege Saken ok ümmer wedder niege Würr utklamüstern. Un wiel ein nich blots tau Huus, sünnern ok up Wisch un Feld mit Handy un Smartphone sabbeln kann, seggen wi tau dat Ding äben Ackerschnacker.

Dat Wurt is üm 2005 szutsche as plattdütsche Handy-Behölp upkamen. Dabei ist der Begriff gar nicht so neu. Er stammt aus der Soldatensprache. Wir wandern mehr als ein Jahrhundert zurück:

Anno 1885 erhielt der schwäbische Erfinder Wilhelm Emil Fein das Patent für ein Militärtelefon. Es war der erste tragbare Klönkasten der Welt. Feins Feldtelefon und dessen Folgemodelle wurden als Armeefernsprecher seit etwa 1905 allgemein im Heer eingesetzt. Feldtelefone gibt es noch heute; sie werden vor allem bei Krisen wie Hochwasser und Zugunglücken eingesetzt, wenn die modernen Funknetze drohen, überlastet zusammenzubrechen. Tja, und vom Feldfernsprecher zum Ackerschnacker war es wirklich nur ein ganz kleiner Schritt!

Wer hat die Taschenlampe erfunden?

Das war ein Russe in Amerika, der ursprünglich nur beleuchtete Blumentöpfe verticken wollte. Die ganze, etwas schräge Geschichte geht so:
Im Jahre 1898 begab es sich, dass der russische Einwanderer Conrad Hubert in New York auf die absonderliche Erfindung seines Freundes Josuah Cowen traf und sie ihm abkaufte: einen beleuchteten Blumentopf.
Die Vermarktung wurde ein Flop, mit dem Blumentopf war kein ebensolcher zu gewinnen, denn für Erfindungen, die die Welt nicht braucht, war die Welt noch nicht reif. Also stopfte Hubert Batterie plus Birne in eine Röhre und ließ sich das als *elektrische Handfackel* patentieren. Hernach leuchtete nicht nur die Fackel, sondern es leuchteten auch Zahlen in Millionenumfang auf Huberts Konto.
Die Lichtausbeute der ersten Taschenlampen war allerdings so mies und mau und kurz vor allem, dass sie im englischen den schönen Namen *flashlight,* also Blitzlicht erhielt, den sie bis heute trägt.
Nach dem amerikanischen Russen meldeten auch britische und deutsche Tüftler Taschenlampen zum Patent an, doch hinter denen stecken keine annähernd so bescheuerten Geschichten wie die mit dem beleuchteten Blumentopf als Urmutter aller Taschenlampen.

Wer hat die Mausoleen erfunden?

Es sind allesamt monumentale Grabgebäude, wie sie etwa schon die Ägypter mit ihren Pyramiden bauten. Den Begriff leiten wir aber von einem anderen Weltwunder ab, das ein gewisser Mausolos errichten ließ.

Der Mann war König von Karien in Kleinasien und starb im Jahre 353 vor Christus. Hauptstadt: Halikarnassos. Mausolos war ein typischer Herrscher seiner Zeit. Er interessierte sich für Kunst und Krieg, betrieb etwas Inzucht und nahm seine Schwester zur Frau. Letztere war leicht größenwahnsinnig und ersann noch zu Lebzeiten ihres Brudergemahls einen einzigartigen Grabbau, eine Art Tempel mit Säulen, Pyramidendach und krönender Quadriga, 50 Meter hoch, mit Marmor verkleidet.

Das Monumentalgrab wurde erst Jahre nach Mausolos' Tod fertig und gelang in Windeseile zu Weltruhm, als Mausoleum.

Wir nennen viele Monumentalgräber seither Mausoleen, gleichwohl der Name nur so viel bedeutet wie *dem Mausolos zugehörig*.

Um 130 vor Christus wurde Mausolos' Grab in die Liste der sieben Weltwunder aufgenommen. Während eines Erdbebens im 12. Jahrhundert wurde das Mausoleum schwer beschädigt, doch erst 1523 sorgten christliche Ritter für die endgültige Zerstörung. Einige Statuen und Fragmente haben aber überlebt und lagern heute im Britischen Museum in London.

Mythologie und Aberglaube

Warum gelten Rothaarige als Hexen?

Als Feuermelder und Kupferkopf sind sie uns geläufig: *Rote Haare, Sommersprossen sind des Teufels Artgenossen!*
Echte Rothaarige sind jedenfalls sehr selten, nicht einmal zwei Prozent der Weltbevölkerung tragen solche Kupferhaare naturgegeben spazieren. Bei Zauberern und Hexen gehören rote Haare aber oft zur Grundausstattung dazu:
Der zaubernde Harry-Potter-Freund Ron Weasley ist rothaarig, auch Kobold Pumuckl – und Pipi Langstrumpf: Aus Sicht kleinbürgerlicher Eltern ist das vorlaute, rothaarige Ding ja auch eine Art Hexe.
In der Kunst ist der Jesus-Verräter Judas meist rothaarig und auch Urmutter Eva, die den armen Adam mit dem Apfel verführte und damit den Rausschmiss aus dem Paradies provozierte. Nur ganz selten gelten rote Haare als Ideal der Schönheit, wie bei den Römern. Meist sind sie eher des Teufels.
Hier kommen zwei Dinge zusammen: Rot ist zwar die Farbe von Liebe und Leben, aber auch die Farbe sengender, verbrennender Glut, Farbe des Feuers und der Hölle, samt rothaarigen Teufeln.
Haare gelten seit alter Zeit als Sitz des Lebens, der Seele und der Kraft. Deshalb schneiden sich in manchen Religionen die Männer die Bärte nicht. Und wenn solch geradezu zauberkräftige Kopfhaar im seltenen Teufelsrot daherkommt, da ist der Weg zur Vorstellung, es mit Hexen und Kobolden zu tun zu haben, kein weiter mehr.

Wen jagen wir ins Bockshorn?

Du willst verunsichert und aus der Fassung gebracht werden? In die Enge getrieben, eingeschüchtert und auf falsche Fährte gelockt werden? Dann sieh das Bockshorn fürderhin als neues Zuhause an!

Das hohe Horn einer stinkenden Männerziege signalisiert: Die Bockshornjagd ist unangenehm, verstörend, beunruhigend!

Doch woher die Redewendung kommt, liegt seltsam dunkel im Nebel der Geschichte. Normalerweise können wir unsere Bildworte recht gut zu ihren Ursprüngen zurückverfolgen. Beim Bockshorn ist das anders. Seit gut einem halben Jahrtausend benutzen wir die Redewendung, in teils unterschiedlicher, aber immer negativer Bedeutung.

Gut, wenn wir uns einen behörnerten Bock vorstellen, der uns ins Visier nimmt, umnietet und über den Haufen rennt, ist schon klar, dass die Bockshornbegegnung unangenehm sein muss. Es gibt auch eine Nähe zum Teufel, den wir uns früher gern mit Bockshörnern vorgestellt haben. Und wer Rückenschmerzen hatte, sagte oft, er sei vom Bock gestoßen worden.

Aus diesem halbklaren, rätselreichen Vorstellungsblock heraus muss sich die Wendung, jemanden ins Bockshorn zu jagen, entwickelt haben. Genaueres schlummert noch im legendenschweren Düster abergläubischer Vorstellungen längst verflossener Zeit.

Wer erfand den Aprilscherz?

Der erste Narren-Neckling ist leider unbekannt, doch seit Jahrhunderten ist es schon Schelmenbrauch, die Einfältigen in den April zu schicken. Sind die Deppen aufs Foppen hereingefallen, röppst du as Bispäl up platt: *April, April, de Katt schitt, wat sei will!*

Der 1. April zählt zu den furchtbarsten Unglückstagen des Jahres, denn laut Legende wurde an diesem Tag der Jesus-Verräter Judas geboren und der aufsässige Engel Luzifer aus dem Himmel geschmissen. Diesem Datum haftet seit den Tagen unserer Ahnen etwas Falsches, Verräterisches an. Vor diesem Hintergrund ist Aprilscherz entstanden.

Der wichtigste Gedanke dahinter: Ich kann das Böse bannen, indem ich es lächerlich mache!

Heute beliebt sind zweierlei Scherze: Getürkte Medienberichte über angeblich bahnbrechende Forschungsergebnisse, und dann noch der klassische Narrenauftrag. Ich bitte jemanden, extrem wichtige Dinge zu besorgen, wie etwa von außen verstellbare Innenspiegel fürs Auto oder einen Globus von Europa. Apotheker freuen sich über Arzneibestellungen, die gehackte Flohbeine, Kieselsteinöl und Gänsemilch in gedörrtem Schnee enthalten, aus Krebsblut oder Mückenfett bestehen, mit rosagrüner Tinte beschriftet und in einem Säcklein aus gehäkeltem Sand verpackt sein sollen. Also Obacht, wenn der nächste 1. April naht!

Wer packt seine Siebensachen?

Wer zu Hause rausgeworfen wird und auf Reisen geht oder umzieht, braucht seine Siebensachen. *Pack deine Siebensachen!* ist gern als herzallerliebster Rausschmiss gemeint.

Vorzeiten waren es die Rittersleut, die noch einigermaßen freiwillig vor jeglicher Schlacht ihre Siebensachen zusammenkramten, ohne die ein richtiger Ritterkampf undenkbar war: Brustpanzer, Helm und Kragen sowie je zwei Metallteile für Arme und Beine, fertig war die Siebensachen-Ritterrüstung. Nur so ging der Recke auf Reisen.

In Wahrheit bestand ein Ritteroutfit noch aus Handschuh, Schwert und Kettenhemd, doch die Sieben war wichtig als Symbol für Vollständigkeit, denn sie ist eine unserer wichtigsten mystischen und magischen Zahlen:

In sieben Tagen erschuf Gott die Welt, die auf sieben Säulen der Weisheit ruht. In einem Text des Neuen Testamentes geht es um die Wahl von sieben Diakonen, und in der Offenbarung des Johannes spielt das Buch mit den sieben Siegeln eine wichtige Rolle.

Auch im Märchen sind wir erst zufrieden, wenn alle sieben Geißlein, Brüder, Raben oder Zwerge vollzählig sind. Wer seine Siebensachen beisammen hat, hat alles, was er braucht. Letztendlich geht die magische Sieben auf die Babylonier zurück, die vor Jahrtausenden schon erkannten, wie der Mond unsere Zeit strukturiert, in viermal sieben Tagen, von einem Vollmond zum nächsten. Auch den Siebensachen liegt also genaugenommen der Mondzyklus zugrunde.

Was verstehen wir unter einem Mundöffnungsritual?

Der Mund gehört zu jenen Körperöffnungen, in die wir viele Dinge hinein stopfen, aus denen wir aber auch unterschiedlichste Sachen herauslassen. Der offene Mund kann gleichermaßen für Lust und Freude oder Schmutz und Schande verantwortlich sein.

Der Widerspenstige wurde vorzeiten gelegentlich gezähmt, indem man ihm die Nase zuhielt; so war er gezwungen, wollt' er nicht ersticken, den Mund aufzumachen, um Dinge zu empfangen, die er essen oder trinken, jedenfalls schlucken sollte.

Ein echtes Ritual war das aber nicht, denn dafür muss der Mundbesitzer das Zeitliche gesegnet haben. Wir befinden uns im alten Ägypten. Zu Lebzeiten wichtiger Leute wurden von ihnen Statuen angefertigt, die alsdann irgendwo hingelegt wurden. Starb der Mensch, wurde seine Statue rausgekramt und der Mund aufgemeißelt, der bis dahin geschlossen war.

Dieses rituelle Öffnen des Mundes war ein Belebungsritual. Der Mensch war gestorben, sein Abbild wurde zum Leben erweckt. Von nun an übernahm die Statue Aufgaben des Dahingeschiedenen und wies dem Toten, der ja nun stumm war, den Weg in die andere Welt. Das ging natürlich nur, wenn die Statue auch reden und nach dem Weg fragen konnte – also offenen Mundes war!

Was ist eine Muse?

Dichter und andere Künstler lassen sich dem Vernehmen nach gern von ihrer ganz persönlichen Muse küssen, wenn sie etwas Großartiges geleistet haben oder zumindest denken, es sei großartig. Die offenbar knutschsüchtige Dame taucht meist namenlos auf und genauso wieder ab, egal mit wem der Künstler sonst in körperliche Beziehung tritt.
Die Original-Musen kennen wir aus der griechischen Mythologie. Es sind neun intelligente und vor allem extrem kreative Nymphen, die der ebenso herrschsüchtige wie potente Obergott Zeus mit Mnemosyne, der Göttin der Erinnerung, zeugte. Die Musen wurden zu Schutzheiligen der Künstler. Die Interessantesten:
Kalliope, zu deutsch *die schöne Stimme.* Sie ist die Muse der Philosophen und Poeten. Dann Clio – bevor sie zu einem französischen Automodell herabgestuft wurde, war sie die Muse der Historiker, also der Geschichtsschreiber. Clio heißt *die Rühmende.* Sie ist es, die die Taten der großen Helden besingt. Des weiteren gibt es noch Erato. Sie ist eng mit der Erotik verwandt und folgerichtig die Muse lyrischer Liebesdichterei. Außerdem: Euterpe, die Muse der Musik und Thalia, die Muse der Komödie.
Alle zusammen bestimmen bis heute unsere Sprache, denn die Musen stecken vom Wortursprung her sowohl im Museum wie im musischen der Musik als auch im fröhlichen Amusement.

Was ist ein Kassandraruf?

Schatz, Vorsicht, du fährst dich fest! – Was ich? Von wegen ... ups! Kind, hör auf die Mutti, hör was sie sagt! Spring nicht von der Treppe, du tust dir weh! Was ich? Von wegen – aua!
So kommt es immer, wenn eine Kassandra warnt. Niemand, wirklich keiner hört auf sie, hat je auf sie gehört, obwohl sie ausnahmslos immer recht behält.
Kassandra ist der Prototyp der tragischen Heldin. Wunderschön, doch überaus nutzlos. Letzteres durch eigene Schuld, weil sie partout keine Lust hatte, mit einem wunderschönen Gott ins Bett zu steigen.
Kassandra ist die Tochter des trojanischen Königs Priamos und so unfassbar schön, dass der ebenso unfassbar schöne und reichlich potente Gott Apollon ein lüsternes Auge auf sie wirft, ihr sogar seine Sehergabe schenkt, um sie in die Kiste zu kriegen. Doch Kassandra, die spröde, hübsche, winkt dankend ab. Das macht Apollon so rasend, so dass er sie verflucht. Fürderhin soll sie mit ihren Weissagungen zwar immer recht behalten, aber niemand soll ihr glauben.
So kommt es auch. Kassandra warnt vor etlichen Morden und sagt sogar den Untergang Trojas voraus – umsonst, ihr Ruf verhallt ungehört, bis sie selbst ein schmähliches Ende findet und erstochen wird.
Wir sprechen noch heute vom Kassandraruf, wenn einer warnt, auf den niemand hört.

Wer oder was ist ein Phaeton?

Wir wandeln in der Welt griechischer Mythologie. Phaeton oder Phaiton war der wunderschöne Sohn des Sonnengottes Helios. In der Schule wurde er von seinem Kumpel Epaphos gehänselt. Letzterer war einer der vielen Bastarde von Obergott Zeus, der es mit ungefähr jeder hübschen Dame trieb, die nicht bei drei auf den Bäumen war.

Epaphos prahlte mit seinem coolen Gottvater, zweifelte Phaetons göttliche Herkunft aber pausenlos an. Phaeton wollte es dem Angeber zeigen. Er besuchte Papa Helios in seinem Palast und nervte ihn mit einem Wunsch, den ihm der Gott erfüllen sollte. Helios gab leider nach, und so durfte der Heißsporn für einen Tag den Sonnenwagen mit den feurigen Pferden über den Himmel lenken.

Doch die Pferde gingen durch, der Wagen geriet ins Schlingern, und er fuhr mal viel zu tief, mal viel zu hoch. So entstanden Wüsten, Gletscher und verbrannte Berge. Bevor er noch mehr Unheil anrichten und die ganze Erde verwüsten konnte, schleuderte Zeus einen Blitz auf ihn und versenkte Phaeton in einem Fluss.

Seltsamerweise hat diese krude Geschichte später Pferdekutschen- und Automobilbaumeister inspiriert, ihre Fuhr- und Fahrwerke Phaeton zu nennen. Es entbehrt nicht einer gewissen Ironie, dass damit ausgerechnet der erste Geisterfahrer der Geschichte dem Namen nach weiterhin auf unseren Straßen unterwegs ist.

Was ist eine Sisyphusarbeit?

Das ist die undankbarste Schufterei, die sich vorstellen lässt. Ebenso langwierig wie langweilig, witzlos und vergebens. Sisyphusarbeit ist Strafarbeit in höchster Vollendung. Fensterputzen etwa. Die Dinger werden ja doch wieder dreckig! Oder Unkrautzupfen. Das Zeug kommt immer wieder! Von Kindererziehung und Schwiegermüttern wollen wir in diesem Zusammenhang gar nicht erst anfangen.

Jedenfalls Sisyphos (lat. Sisyphus), den schelmisch-durchtriebenen Schabernackier, kennen wir aus der griechischen Mythologie. Immer wieder schlug er den Mächtigen ein Schnippchen, seien es Könige oder Götter gar. Am Ende fand er sein eigenes anstrengendes, eigentlich endloses Ende, in der Unterwelt. Odysseus begegnete ihm dort und sah ihn schuften.

Homer schrieb die Szene auf, wie Sisyphos als Schandtatenstrafe einen Felsblock einen Berg hinaufrollen musste, nur um ihn dann doch nicht über den Gipfel bugsieren zu können, so dass der Stein ins Tal zurück kullerte und Sisyphos erneut ans vergebliche Werk ging.

Den daraus abgeleiteten Begriff der Sisyphusarbeit verwendete kurz vor Christi Geburt zum ersten Mal der römische Dichter Properz in seinem Werk. Danach wurde die Sisyphusarbeit sprichwörtlich in fast allen Sprachen Europas.

Was ist ein Bild für die Götter?

Wenn der sittenstrenge Priester in flagranti mit der Haushälterin erwischt wird, oder wenn Hund und Katze einträchtig aneinandergekuschelt im selben Körbchen schlummern, sind das Bilder für die Götter! Wir sehen besonders Kitschiges oder Komisches: ein Bild für die Götter! Auch Spott kann, wie im Fall des gefallenen Priesters, dabei sein. Der groteske, doch meist schöne, auch leicht lächerliche Anblick ist ein Bild für die Götter, und wir spielen dabei, ohne es zu ahnen, Mäuschen im göttlichen Schlafzimmer!

Aphrodite, die schöne, umtriebige Göttin der Liebe, hatte das große Pech, mit Hephaistos verheiratet zu sein, dem kleinen, hässlichen, alten, lahmen und schmuddeligen Gott der Schmiedekunst. Sie hatte andererseits das wollüstige Glück, mit Ares befreundet zu sein, dem großen, hübschen, jungen, und in jeder Beziehung gutgebauten Gott des Krieges.

Immer, wenn Hephaistos nicht zu Hause war, kam Ares vorbei und vergnügte sich mit Aphrodite. Das bekam Hephaistos eines Tages spitz und schmiedete ums Bett herum ein Netz aus unsichtbaren Blitzen, in denen sich die lüstern Verliebten verfingen.

Als Hephaistos die beiden triebig-umtriebigen gefangen hatte, rief er die anderen Götter herbei und zeigte ihnen das saubere Paar: Ein Bild für die Götter! Es erheiterte die fast Allmächtigen so sehr, dass sie in ihr berühmtes homerisches Gelächter ausbrachen.

Kirchengeschichte und Gottesdienst

Wozu dienen Feigenblätter?

Allererst dienen sie dazu, einen Feigenbaum zu begrünen. In zweiter Linie sind sie uns als Sprachbild zu Diensten, um etwas Anrüchiges oder Fragwürdiges schamhaft-erzählerisch zu bemänteln und zu verbergen.

Allerdings ist das Feigenblatt eben nur ein Blatt und kein Baum, so dass die Möglichkeiten der Verhüllung begrenzt sind. Das heißt, hinter Feigenblättern verbergen sich meist recht durchsichtige Manöver des Täuschens, Tricksens und Tarnens.

Wir kennen das schon seit dem Rausschmiss aus dem Paradies. Adam und Eva aßen von der verbotenen Frucht der Erkenntnis. Und was war das erste, was sie erkannten? Dass sie splitterfasernackt durch den Garten Eden spazierten!

Da damals die durchaus positiv-erotischen Aspekte enthemmter Freikörperkultur noch nicht bekannt waren, brachen sich die zwei Erkenntnissünder Feigenblätter ab, mit denen sie ihre Adamskostüme schamhaft bedeckten.

Da so ein Feigenblatt gut zwanzig Zentimeter lang und breit sein kann, wird es wohl die wesentlichen Teile einigermaßen verhüllt haben. Gott hat es trotzdem gemerkt, und so sind die beiden achtkantig aus dem Paradies geflogen!

Das Feigenblatt: Es zu benutzen, zeugt von durchaus zweifelhaftem Charakter!

Was tun wir im Schweiße unseres Angesichts?

Das kommt natürlich zum einen auf Ort und Jahreszeit an. Im Hochsommer und in der Sauna können wir im Schweiße unseres Angesichts auch schon mal gar nichts tun. Das Wasser rinnt in Strömen, dank Saunadampf und Sonnenglut.
Darüber hinaus symbolisiert der Schweiß sowohl ernsthaft als auch ironisch die Mühe und den Fleiß, welche wir aufwenden, um etwas zu leisten. Im Schweiße unseres Angesichts können wir eine Straße asphaltieren oder eine Liebesnacht zubringen, einen Villenbesitzer um sein hart ererbtes Geld bringen oder im Garten dem Unkraut zu Leibe rücken. Letzteres stellt nach göttlichem Willen die Urbedeutung des Spruches dar.
Wir befinden uns im Alten Testament noch fast zu Beginn der Menschheitsgeschichte, genau an der Stelle, die Gärtner bis heute ergrimmt und Bauern zürnen lässt. Gott legt Adam und Eva nachdrücklich nahe, wegen ihres verbotenen Früchteimbisses, das Paradies zu verlassen. Doch damit nicht genug! Die Strafe ist ja viel drastischer, Gott sagt:
Verflucht sei der Acker um deinetwillen! Dornen und Disteln soll er dir tragen. Im Schweiße deines Angesichts sollst du dein Brot essen.
Den beiden Herzchen aus dem Paradies haben wir es also zu danken, dass wir auch fürderhin im Schweiße unseres Angesichts unser Leben fristen müssen!

Wie schlecht sind Rabenmütter?

Es sind die schlimmsten aller denkbaren Nachwuchserzeugerinnen, schändlich-schlecht und egoistisch! Sie lassen ihre Brut verkommen und versauern und denken nur an sich.
Natürlich gibt es miese Meckermütter, doch was hat die arme Rabin damit zu tun? Es ist eine alte Beobachtung, dass das schwarze Federvieh seinen Nachwuchs so früh wie möglich aus dem Nest wirft. Kaum flugfähig, tapst das liebe Kleine hilflos und verlassen auf kargem Feld herum, und es ist ein Wunder, dass am Ende je ein Rabe überleben konnte. Genau dieser Punkt stimmt nachdenklich. Wären Raben wirklich solch desaströse Mütter, wäre die ganze Art längst ausgestorben! Unsere Augen täuschen uns!
In Wahrheit gehen die Jungen aus freien Stücken stiften, und die verfemten Eltern kümmern sich noch lange, füttern und beschützen sie vor Feinden. Aber darauf achten wir nicht mehr.
So entstand die Rede von den Rabenmüttern, sprichwörtlich belegt seit etwa 1600 und tatsächlich noch viel älter, denn das völlig falsche Urteil findet sich schon im Alten Testament. Im Buch Hiob steht:
Wer bereitet den Raben die Speise, wenn seine Jungen zu Gott rufen und fliegen irre, weil sie nicht zu essen haben?
So steigt aus dem Nebel der Geschichte die Rede von den Rabenmüttern auf, die in Wahrheit ganz vorzügliche Mütter sind!

In der Not frisst der Teufel Fliegen?

Klar! Und wir machen es ihm nach. Ist keine gute Butter im Haus, nehmen wir eben Margarine, bevor wir trocken Brot hinunter würgen. Ist das Auto kaputt, steigen wir lieber aufs Rad, bevor wir zu Fuß los düsen. Und ist der bestmögliche Liebespartner gerade nicht zur Hand, naja, auch da gibt es Möglichkeiten, bevor man ganz alleine bleibt. In der Not frisst der Teufel Fliegen, und wir tun Dinge, die wir sonst nicht machen würden. In schwieriger Lage begnügen wir uns mit wenigem, bevor wir gar nichts haben.

Aber wie kommt der Teufel zu den Fliegen? Ganz einfach. Einer der wichtigsten hebräischen Namen für den Bocksbeinigen in der Bibel ist Beelzebub, und das heißt auf deutsch: Herr der Fliegen.

Er ist der Chef der Dämonen und wurde in mittelalterlichen Mythen und Legenden gar zum Fürsten der Finsternis erhoben. Beelzebub, der Fliegendämon! Steht er selbst vor höchstem Elend, verspeist er seine eigenen Kinder, seine Gefolgschaft. In der Not frisst der Teufel also Fliegen.

Stellt sich natürlich die Frage, was er sonst verschnabuliert, wenn er gut drauf ist? Antwort: Höllische Wesen brauchen meist keine Speise wie wir; sie sind oft schon zufrieden und vermutlich auch satt, wenn sie gefallene Seelen einfangen und in der Unterwelt knechten können. Nur in der Not… aber das hatten wir schon.

Was gibt es wie Sand am Meer?

Je nach Standpunkt und Vermögen, klebt uns das helle Strandgestein vielfach im Mund. Die Fauljacke hat natürlich Zeit, und der Millionär hat Geld wie Sand am Meer. Der glückliche Haremsbesitzer hat Vergnügen, und der glücklose Gärtner hat Unkraut wie Sand am Meer. Ach, und König Salomo im Alten Testament hatte Frauen wie Sand am Meer.

Wenn wir etwas in Hülle und Fülle besitzen, bemühen wir den Vergleich mit den unzählbaren Körnern vom Strand. Wir benutzen das Bild seit Jahrtausenden.

Die ersten Belege finden wir in der Bibel, und es geht erst mal ums Kinderkriegen. Gott verspricht dem durchaus potenten Abraham eine riesige Familie und sucht nach einem Vergleich, mit dem er diesem Menschlein begreiflich machen kann, wie zahlreich seine Nachkommen und die Nachkommen seiner Nachkommen sein werden.

Da verfällt Gott auf dieses pfiffige Bild und sagt: *Ich will dein Geschlecht segnen und mehren wie den Sand am Ufer des Meeres!*

Der Vergleich ist so augenfällig, dass er allein im Alten Testament bald zwei Dutzend Mal herangezogen wird. Mal für eine gute Getreideernte und für ein ganzes Volk oder das enorme Heer feindlicher Krieger. Darüber hinaus werden die Tage eines langen Lebens so gezählt oder die Vögel am Himmel.

Wie Sand am Meer, das ist eine Fülle, die nicht mehr zählbar ist. Ein Übermaß im Bösen wie im Guten. Wir kennen den Vergleich genau so lange, wie wir die Bibel kennen.

Wie kommt die Turteltaube zu ihrem Namen?

Sie ist ebenso süß wie symbolträchtig. Die kleinste unserer Wildtauben ist zugleich der einzige Langstreckenzugvogel unter ihresgleichen. Sie überwintert südlich der Sahara und kommt erst im Frühling zurück. Mit anderen Worten: Winter kennt sie gar nicht!

Es soll eine Turteltaube gewesen sein, die Noah am Ende der Sintflut aus der Arche wegfliegen ließ, um nachzugukken, ob schon irgendwo Land in Sicht ist, und die dann mit einem Ölzweig im Schnabel zurückkam. Auf diese Episode gründet ihr Bild als Hoffnungszeichen, Glückssymbol und Friedenstaube.

Später kommt Gottes Heiliger Geist als Taube vom Himmel geschossen, deshalb ist der Vogel auch der Kirche seit alter Zeit ziemlich heilig. Im krassen Gegensatz dazu wird die Turteltaube bis heute, vorzugsweise auf Malta, massenhaft bejagt. Mittlerweile gilt sie als vom Aussterben bedroht.

Interessanterweise klingt ihr Name in den meisten Sprachen ähnlich: deutsch *turtel,* englisch *turtle,* französisch *tourterelle,* was kaum verwundert, denn turteln entstammt lautmalerischer Sprache ferner Jahrhunderte. Es ahmt das *ruckediguck, girr und gurr, turr und kurr* der Vögel nach. Das ist auch in fremden, nicht verwandten Sprachen zu spüren: slawisch grlica und gorlica, ungarisch gerle. Immer schwingt im Vogelnamen die Vogelstimme in menschlichen Lauten mit.

Wer wuchert mit seinen Pfunden?

Wehe, wir nehmen unsere Sprache wörtlich! Da wuchert der reiche Engländer mit seinen Pfunden auf der Bank und der fette Deutsche oder Spanier mit seinen Pfunden auf den Rippen. Möglicherweise.

Nein, wir müssen die Rede von den Wucherpfunden im übertragenen Sinne verstehen. Wer mit seinen Pfunden wuchert, oder bescheidener mit seinem Pfund, setzt einfach sein Talent erfolgreich ein und profitiert von seinem Können.

Das Bildwort geht auf die Bibel zurück. Da gibt es das Gleichnis von den anvertrauten Talenten. Drei Knechten wird das Geld ihres Herrn überreicht. Einer vergräbt es und macht nichts daraus. Die zwei anderen wirtschaften mit dem Geld, vermehren es, wuchern damit und werden belohnt.

Talente wie Pfunde waren ursprünglich Maßeinheiten. Talent ist griechisch und bedeutet Waage oder Gewicht. Pfund kommt vom lateinischen pondus und bedeutet ganz ähnlich Masse oder Gewicht.

Im Laufe der Zeit gingen Talent und Pfund vom reinen Maß für ein gewisses Gewicht auf eine bestimmte Menge Geldes, und noch später auf die Menge an Geistesgaben über, die jemand besetzt und aus denen er etwas macht oder auch nicht.

Und so sagen wir bis heute, mit lateinischer Herkunft, da wuchere jemand mit seinen Pfunden, oder mit griechischer Wurzel, da habe jemand Talent.

Der Geist ist willig, aber das Fleisch ist schwach?

O ja, all zu oft! Ich möchte doch unbedingt endlich die verdreckten Fenster putzen; mein Geist sagt Ja und jubiliert, doch mein Fleisch, der alte Körpersack, dreht sich auf dem Sofa herum und sagt: *Ich bin so schwach, mein Geist, gib endlich Ruh' und lass uns schlummern!*

Der Geist ist willig, aber das Fleisch ist schwach. Das ist die perfekte Ausrede für jedes Faultier, um trüb und träge den lieben, langen Tag müßig zu vergammeln. Gut, gelegentlich verstehen wir das Bild mit dem willigen Geist und dem schwachen Fleisch auch ironisch oder mitleidig, wenn sich im Greisenalter noch die Wollust regt, aber der Kopf mehr möchte, als der Körper zu leisten imstande ist. Meist aber verwenden wir den Spruch für den Müßiggänger, der für seine Faulheit eine Ausflucht sucht.

Auch diese Wendung stammt aus der Bibel. Martin Luther übersetzte eine berühmte Stelle so. Als Jesus kurz vor seiner Gefangennahme den letzten Abend im Garten von Gethsemane mit seinen Jüngern verbrachte, schliefen besagte Jünger, statt Wache zu halten, einer nach dem anderen ein. Etwas muksch und resigniert besah sich Jesus, man muss es so formulieren – die Penner – und sagte: *Der Geist ist willig, aber das Fleisch ist schwach!*

Von dieser Bibelstelle hat der Volksmund die Redewendung vor Jahrhunderten übernommen.

Wann sollen wir die Klappe halten?

Wenn Dummfug unserem Zahngehege entfleucht, ist es die ultimative Aufforderung, den Mund zu schließen und ganz still zu sein. Sinnloses Lärmen der Sprechmuskeln und Dazwischenquatschen verursachen dem Zuhörer oft Ohrenschmerz und den genervten Befehl: *Halt die Klappe!*
Wer nach dem Motto quasselt: *Woher soll ich wissen, was ich denke, bevor ich höre, was ich sage?* ist ein guter Kandidat, solch Befehl zu empfangen. Dass wir den auf- und zuklappenden Mund als Klappe bezeichnen, leuchtet ein. Doch warum sollen wir die Klappe *halten* statt einfach nur *schließen?*
Den Ursprung der Rede finden wir in alten Klosterkirchen. Im Mittelalter gab es dort kaum Sitzbänke, die Leute standen die ganze Zeit. Nur Priester und Mönche hatten Sitze, ihr Chorgestühl, weil sie mehrmals am Tage lange Gottesdienste bestritten und irgendwann vom vielen Stehen die Füße schmerzten.
Die Sitze waren nur zum gelegentlichen Ausruhen gedacht, deshalb waren es Klappsitze, die beim Aufstehen oft automatisch wieder hochklappten, ähnlich einem Kinosessel. Dieses Hochklappen der Holzklappen verursacht in herrlicher Kirchenhalle einen Höllenlärm. Drum musste, wer aufstand, die Klappe vorsichtig festhalten, um die Stille nicht zu stören.
Später wurde das Klappe halten auf störendes Sprechgeräusch und unerquickliches Geplapper übertragen.

Was ist so sicher wie das Amen in der Kirche?

Der Querulant findet ein Haar in jeder Suppe, und auf die Nacht folgt der Tag, auf die Geburt der Tod, auf den Winter der Frühling, alles zusammen und jedes für sich: so sicher wie das Amen in der Kirche!

Dieses Sicherheits-Amen ist unter allen Umständen, ohne Zweifel, fraglos bombensicher.

Schriftlich belegt ist die Wendung seit 1649, aber so sicher wie das Amen in der Kirche, schon erheblich älter. Es entstammt gottesdienstlicher Beobachtung, denn es gibt ja keine Messe, keine Taufe noch Trauung oder Beerdigung ohne dieses hebräische Wort, dessen wahre Bedeutung aus dem Nebel der Geschichte noch schemenhaft heraufleuchtet.

Wir übersetzen Amen meist mit *So sei es!* Der Sprecher bekräftigt damit, dass er an das zuvor Gehörte wirklich glaubt. Die Bibel kennt das Amen allerdings auch vor einem Text; dann heißt das, dass das folgende unbedingt wahr und wichtig sei. Luther übersetzt es meist mit wahrlich.

Amen selbst wurzelt wohl in einem Wort, das *fest, verankert, zuverlässig* bedeutet. Ihm entsprießen Begriffe, die im Hebräischen auch Glaube, Zuversicht und Treue bedeuten. So schwingt in einem Amen viel mehr mit, als unsere So-sei-es-Übersetzung vermuten ließe. Ein religiöses Wort, das auch der Nichtgläubige gerne mal im Munde führt, auch das ist so sicher wie das Amen in der Kirche!

Wem verdanken wir den Kalender?

Wir tauchen hinab in die antike Welt vor zweieinhalbtausend Jahren. Eine der römischen Mondgöttinen war Iuno Kalendaris. Zugleich war sie eine Geburtsgöttin.

Schon damals also hatten selbst Götter mit gewisser Arbeitsverdichtung zu kämpfen. Iuno kam dabei der Hebammenjob sehr zugute, denn so konnte sie auch Mondgebärerin werden. Kurz nach Neumond jedes Monats gab es deshalb den Kalo, das ist die Anrufung der Göttin, während derer die vier Festtage des Monats festgelegt wurden, die einerseits die Mondphasen vierteilten und bezeichneten, andererseits anzeigten, was an diesen Tagen zu tun und gefälligst auch zu lassen war.

Einer dieser Festtage war der Kalendae-Tag, eben jener Anrufungstag der Göttin selbst. Es war der Erste des Monats und wichtig als Aus- und Rückzahltermin für Kredite, Lohn und Zins.

Im 15. Jahrhundert übernahmen wir den Begriff und weiteten ihn als Bezeichnung für das ganze Jahr aus, gleichwohl die Kalenden ursprünglich nur den ersten Tag eines Monats meinten.

Kleiner Kalenden-Kalauer am Rande: Man sagte früher, wenn jemand partout nicht seine Zinsen zahlen wollte, er werde sie an den griechischen Kalenden begleichen, *ad kalendas graecas,* wissend, dass die Griechen den Ersten des Monats als Zahltag überhaupt nicht kannten, die Schlawiner, damals.

Wie lange dauerte das längste Jahr der Geschichte?

Es ist ein ebenso seltsames wie wichtiges Jahr gewesen. Ihm allein verdanken wir es, dass bei uns immer noch im Frühling Blütenträume sprießen, dass wir im Sommer draußen baden können, den Herbst goldgelb erleben und im Winter Schneevergnügen huldigen dürfen! Ohne dieses längste Jahr fröre es nämlich im Sommer und gäbe es die Bruthitze im Winter.

Historiker nennen es das Verworrene Jahr. Es dauerte volle 445 Tage, von Oktober 47 bis Januar 45 vor Christus! Urheber des Mega-Maxi-Jahres war Julius Caesar. Er erkannte, dass das römische Jahr mit seinen damals 355 Tagen zu kurz und die rechenkünstlerisch angelegte Schaltmonatspraxis alle paar Jahre zu kompliziert war, um weltgeschichtliche Relevanz zu erlangen.

Also verlängerte und verfeinerte Caesar das Römerjahr nach ägyptischem Vorbild, und siehe: Der Julianische Kalender war geboren, der bis heute von den meisten orthodoxen Kirchen verwendet wird.

Um die Jahreszeiten mit den entsprechenden Monaten in Übereinstimmung zu bringen, musste Julius besagtes Maxi-Jahr mit drei Monaten Überlänge einfügen. Und weil das alles gut klappte und Julius auch über die Kalenderreform hinaus irgendwie wichtig war, wurde bei der Gelegenheit ein ganzer Monat nach ihm benannt: der Juli.

Welches Jahr kennt keine Monate?

Die Frage klingt seltsam, denn wir sind es seit den Tagen unserer Ahnen gewohnt, den Lauf der Zeit nicht nur in Stunden und Wochen, sondern auch in Monaten zu messen. Doch wir leben bis heute mit einem Jahr, das ohne Monate und noch skurriler: ohne Jahreszeiten auskommt!

Dieses Jahr fängt noch nicht einmal immer zum selben Datum an. Nur die Zahl der Tage ist, aufs ganze Jahr gerechnet, unserem handelsüblichen Feld-Wald-und-Wiesen-Jahr zwischen Neujahr und Silvester gleich.

Wir sprechen vom Kirchenjahr. Es beginnt vergleichsweise unzuverlässig irgendwann zwischen 27. November und 3. Dezember an einem Sonntag, nämlich dem 1. Advent. Für Korinthenzähler: genau am Abend des 1. Advents.

Der Rest des Kirchenjahres gliedert sich in wiederkehrende Festkreise und Festtage, wie Weihnachten, Ostern und Pfingsten. Im Laufe eines Kirchenjahres wird im Gottesdienst die ganze Jesusgeschichte durchlebt, von der Geburt bis zur Auferstehung und etlichem drumrum.

Einige Feste berechnen sich aus Sonnenwenden, Tag-und-Nachtgleichen, andere nach bestimmten Mondphasen. Natürlich fällt Weihnachten dabei in den Winter und Ostern in den Frühling, doch gerade Mondphasenfeste wie Ostern und Pfingsten sind extrem veränderlich, was ihr Datum betrifft.

Das Kirchenjahr kennt also genaugenommen tatsächlich weder Monate noch Jahreszeiten.

Was passiert am 30. Februar?

Fangfrage aus der Grundschule? *Kinder, nennt mir einen Tag, den es gar nicht gibt!*

Weit gefehlt! Den 30. Februar gibt es! Gut, wir kennen den lustigen Tag nur in Schaltjahren und nennen ihn dann meist liebevoll Erster März. Aber bei unseren Nachbarn in Schweden ist das anders. Dort kennt man den 30. Februar, zumindest für ein ganz besonderes Jahr.

Wir wandern bis ins Jahr 1712 zurück und landen in einer Epoche, die kalendarisch den Übergang markiert vom alten julianischen zum neuen gregorianischen Kalender. Während viele andere, auch deutsche, vor allem katholische Länder den Kalender schon in den 1580er Jahren umgestellt hatten, zogen die meisten Protestanten erst anno 1700 nach. Und die etwas weiter vom Schuss abgelegenen Schweden? Sie hatten die skurrile Idee, den Kalender nicht auf einmal umzustellen, sondern in einem Zeitraum von 40 Jahren immer nur die Schalttage der Schaltjahre ausfallen zu lassen. Das haben sie genau einmal gemacht und festgestellt: Das funktioniert so nicht! Wir produzieren ein übles Kalender-Tohuwabohu, wir brauchen dringend den übersprungenen Tag zurück.

Gesagt, getan, sie fügten den Tag wieder ein, und so entstand der 30. Februar 1712. Erst Jahrzehnte später entschlossen sich die Nordgermanen, dann doch komplett und in einem Rutsch auf den neuen gregorianischen Kalender umzustellen, der bei ihnen und uns bis heute gilt.

Wie kam die Woche zu ihrem Namen?

Die Frage ist, betrachten wir die Antwort darauf, gar nicht so öde, wie sie vorderhand klingt. Denn die Woche hat nicht nur etwas mit unseren Tagen zu tun, sondern auch noch mit Wachwechseln und Seemeilen!

Bei den Wochentagen ist die Namensgebung bei uns ja vergleichsweise klar. Sonntag und Montag leiten sich von Sonne und Mond ab. Dienstag, Donnerstag und Freitag stammen von den Germanengöttern Tyr, Donar und Freya. Sonnabend ist ursprünglich nur der Vorabend des Sonntags, und der Mittwoch bezeichnet einfach, was er ist, die Mitte der Woche.

Wir kennen das Wochenwort spätestens seit dem 8. Jahrhundert. Ihm zugrunde liegt derselbe Begriff, der später eine skandinavische Seemeile bezeichnete, die ungefähr siebeneinhalb Kilometer lang war. Das war genau die Länge, die ein Schiff gerudert werden konnte, bevor bei den Ruderern Schichtwechsel war. Die Woche meint also ursprünglich eine bestimmte Reihenfolge, eine Ordnung und den entsprechenden Wechsel von Schichten, Arbeitsgängen oder später eben Tagen.

Das ist recht ungewöhnlich, denn die meisten Sprachfamilien legen ihrem Wochenwort die Zahl der Wochentage zugrunde; im lateinischen heißt Woche etwa septimana für sieben, und auch die ungarische hét für Woche ist identisch mit dem Zahlwort Sieben.

Was sind Temporale Stunden?

Unsere Altvorderen lebten mit den Dingern ganz gut. Uns heute würden sie wahnsinnig machen. Viel zu sehr sind wir an einen normierten Tageslauf gewöhnt und gebunden; viel zu weit haben wir uns der freien Natur entwöhnt und entbunden.

Das begann schon im Mittelalter, als mechanische Uhren aufkamen, welche die Stunde zu sechzig Minuten anzeigten, und zwar jede Stunde zu exakt immer gleich langen sechzig Minuten. So handhaben wir das bis heute. Wir nennen solch ewig öden, gleich langen Stunden äquinoktial.

Temporale Stunden sind da etwas abenteuerlicher, aber auch natürlicher angelegt. Sie gehen zwar auch von 24 Stunden pro Tag aus, berücksichtigen aber, dass es im Winter länger dunkel und im Sommer länger hell ist. Da jedoch sowohl der Nacht als auch dem Tag je zwölf Stunden zustehen, bedeutet es, dass eine Tagstunde zu Weihnachten bedeutend kürzer ist als eine Tagstunde zu Pfingsten.

Die temporale Zählung geht so: Von Sonnenaufgang bis Sonnenuntergang sind es immer genau 12 Stunden. Da kann eine Sommerstunde schon mal achtzig Minuten dauern, eine Winterstunde dagegen übersichtliche vierzig Minuten. Temporale Stunden werden gelegentlich noch auf alten astronomischen Uhren mit angezeigt. Darüber hinaus spielen sie in unserem Leben keine Rolle mehr.

Wann ist Halbmittag?

Welch seltsam Wort umschmeichelt unser Ohr! Halbmittag klingt nach Urlaub, Freizeit und zumindest Viertel-Feierabend. Halbmittag könnte auch die Mahlzeit eines Halblings sein, eines Hobbits aus dem Auenland. Der Hobbit heißt ja Halbling, weil er nur halb so groß wie ein normaler Mensch ist, und so könnte sein Halbmittag so viel wie für uns ein halbes Mittagessen sein.

Fast richtig! Beim Halbmittag finden wir uns zwar nicht im Auenland von Mittelerde ein, wohl aber in einem genauso reizenden Grenzland von Mitteleuropa.

Unsere Schritte wenden sich gen Südtirol. Dort, in malerischen Alpentälern, wurde der Halbmittag erfunden, als deftige Mahlzeit für zwischendurch, meist am späten Vormittag. Der Halbmittag deutet schon die Zeit: Zwischen Frühstück und Mittag ist der halbe Weg geschafft!

Hierzulande sprechen wir, nicht gerade fantasievoll, eher vom zweiten Frühstück. In anderen Gefilden ist der Halbmittag als Brotzeit bekannt, in Österreich auch als Jause.

Unsere Ahnen nannten die herzhafte Mischung aus kalten und manchmal warmen Häppchen und Schnittchen ein Gabelfrühstück; heute anglisieren wir das oft zum schnöden Brunch und schlagen uns die Bäuche voll, vergessend, dass der Halbmittag nur eine kleine, aber dafür wunderbare Zwischenmahlzeit ist.

Was ist ein Mittagsweiser?

Das ist eine Uhr, die gar keine Uhr ist! Das kuriose Paradoxon führt uns bis in die Antike.

Die einfachste Form des Gnomons oder Schattenzeigers und Mittagsweisers ist ein senkrecht in den Boden gesteckter Stock. Das ist jener kleine Pfahl, der später, als die richtige Sonnenuhr erfunden wurde, als Schattenstab diente.

Zu Beginn der Zeitmessung aber gab es noch keine Uhr um den Stock herum. Der Schatten, den der Pflock die meiste Zeit in der Sonne warf, war auch uninteressant. Wichtig war lediglich jener Moment, in welchem er keinen Schatten warf. Dann stand die Sonne nämlich im Zenit genau über ihm; anders gesagt: Er zeigte dem Beobachter den wahren Mittag an.

Deshalb ist das Ding auch keine Uhr, denn per Definition weist uns jedes Chronometer die veränderlichen Stunden an und nicht nur einen einzigen ausgewählten Augenblick.

Mittagsweiser blieben auch bei uns bis weit ins 19. Jahrhundert noch in Gebrauch und wichtig, um echte, mechanische Uhren an Kirchtürmen und Rathäusern täglich neu zu stellen. Ging die Kirchturmuhr falsch, gab es ja keinerlei Funkwecker im Hause, um sie danach zu stellen. Also nahm man den archaischen, extrem genauen Mittagsweiser zu Hilfe. Warf er keinen Schatten, war es Punkt zwölf Uhr mittags, und die Turmuhr konnte nachjustiert werden.

Was verbirgt sich hinter dem Straßburger Adventsstreit?

Dahinter steckt die skurrile, aber wichtige Frage, wie lange der Advent dauern darf. Weihnachts-Schnickschnack-Verkäufer fänden gar einen Ganzjahres-Advent ganz schick. Otto Normalverbraucher dagegen ist vom Glühwein-Kerzen-Heimeligkeitsterror nach spätestens vier Wochen genervt. Gut so! Schon Kaiser Konrad II war über Adventsverlängerungsideen empört, und das kam so:
Der Kaiser besuchte am 26. November 1038 seinen Onkel, Bischof Wilhelm zu Straßburg. Entsetzt stellte er fest, dass der fromme Onkel schon den 1. Advent feierte, dabei wollte der Kaiser den schönen Tag erst eine Woche später mit seiner gütigen Gattin Gisela in Limburg begehen. Onkel Wilhelm sprach:
Das geht so nicht, denn wenn wir später feiern, fallen 4. Advent und Heiligabend auf denselben Tag, und wir haben eine Woche weniger Advent!
Kaiser Konrad konterte, als er sich mit anderen Bischöfen besprochen hatte, am 3. Dezember 1038 wie folgt:
Fürderhin machen wir es so, wie ich es will! Der Advent beginne frühestens am 27. November. Fallen Heiligabend und 4. Advent zusammen, haben wir trotzdem noch vier Adventssonntage, denn das Christfest beginnt dann ja erst Montag, weil Heiligabend genaugenommen nur der Vorabend von Weihnachten ist!
Tja, was Kaiser Konrad im Straßburger Adventsstreit verfügte, gilt bis auf den heutigen Tag!

Wann feiern wir Ostern?

Ganz klar: Das Auferstehungsfest wird im Frühling gefeiert, genau dann, wenn der Osterhase mit Eier legen, Eier färben und Eier verstecken fertig ist, und wenn das Datum allgemeinverbindlich im Kalender auftaucht! Es bleibt aber seltsam, dass jeder weiß, wann Weihnachten ist, doch beim Osterdatum hilflos seine Schultern zuckt.

Grund: Weihnachten ist ein Sonnenfest, Ostern ein Mondfest, astronomisch betrachtet. Weihnachten feiern wir zum alten Datum der Wintersonnenwende, und die fällt ins dritte Dezemberdrittel. Ostern dagegen berechnen wir nach dem Lauf des Mondes. Die älteste und wichtigste Feier der Christen gehört zu den beweglichen Festen.

Auf dem Konzil von Nicäa im Jahre 325 wurde die Berechnungsgrundlage schon festgelegt, und die ist eigentlich einfach: Ostern feiern wir immer am ersten Sonntag nach dem ersten Frühlingsvollmond. Für Rechenkünstler kein Problem, denn der Frühling beginnt meist am 21. März, also liegt Ostern frühestens am 22. März – und spätestens am 25. April.

Wer nun nicht nächtlich den Mond beobachten möchte, um zu erfahren, wann der sich österlich füllt, kann aber auch weiterhin den Kalender konsultieren, um herauszufinden, wann genau die Hasen ihre Eier legen, färben und verstecken – denn es gibt auch noch die seltenen Jahre mit einem Osterparadoxon, aber das ist eine ganz andere Geschichte.

Seltsame Berufe und zweifelhafte Tätigkeiten

Was ist ein Altmacher?

O, da fallen uns spontan gleich mehrere Sachen ein. Über den Daumen gepeilt könnte alles, was zwar himmlischen Spaß macht, aber höllisch ungesund sein soll, zu den Altmachern zählen.

Saufen lässt die Leber altern, rauchen die Lunge und beides zusammen das Gesicht. Zu viel fettes Essen lässt die Figur wie einen an die Wand genagelten Pudding zerfließen und den Besitzer der Fettfigur auch gelegentlich schneller ins Gras beißen. Zu viel Amusement in der Horizontalen lässt ebenfalls gelegentlich den Körper leiden und altern, jedenfalls ist nach dem zehnten Kind die Bikinifigur allermeist perdu.

So könnten wir fröhlich weiter fabulieren, aber dem wahren, echten Altmacher kämen doch nicht auf die Spur. Dazu müssen wir uns in ferner Vergangenheit auf jenen Weg begeben, den arme Leute gingen!

Die Reichen kamen zum Schuster, wenn sie neue Schuhe brauchten. Die Armen konnten sich neue Schuhe nicht leisten, also gingen sie zum Altmacher. Das war einer, der aus alten Schuhen etwas machte, abgetragene Stiefel, Latschen und Schlappen aufkaufte, sie heil machte und für wenig Geld weiterverkaufte.

Der Altmacher ist nur ein anderes Wort für den allseits bekannten Flickschuster.

Was ist ein Aufschneider?

Es könnte einer sein, der mir die Frühstücksmettwurst in appetitliche Scheiben zerteilt? Der mir den Mittagsbraten zersäbelt und in mundgerechten Stücken auf dem Teller serviert? Der auch mit einem Käseklumpen zurechtkommt und ihn schnippelnderweise zu leckeren Häppchen aufschneidet?

Ja! Genau das ist – oder vielmehr war – er mal, der Aufschneider, vorausgesetzt ich wäre sein Herr und er mein Diener gewesen, vor Jahrhunderten am Hofe.

Damals gab es bei Tisch die interessantesten und vielfältigsten Gewerke zu bestaunen. Heute sind sie ganz aus der Mode gekommen, wie Mundschenk, Brotmeister, Truchsess und eben Vorschneider oder Aufschneider. Letzterer schnitt mit großem Messer dicke Scheiben von saftigen Braten ab und legte sie dem Hausherrn nebst Gästen fachgerecht vor. Eine solche Position verführte augenscheinlich besagte Aufschneider oft, damit anzugeben, wie nah sie ihrem Herrn mit großem Messer kommen durften. Sie prahlten mit ihrem Job, machten einen auf Großmaul und Wichtigtuer. So geriet der Aufschneider spätestens während der Barockzeit, vermutlich aber schon früher, gehörig in Verruf, als einer, der selbst für das winzigste Stück Fleisch das größte Messer zückt, mithin für das kleinste Problem die größte Rede schwingt.

Was sind Bauernfänger?

Das sind böse Gesellen! Wir dürfen uns aber keine Jägersleut' vorstellen, die auf Bäumen sitzen und, wenn ein Bauer vorüber eilt, mit Netzen den ahnungslosen Landmann bewerfen, um ihn zu fangen und Rehen oder Hirschen zum Fraße vorzuwerfen.

Nein, Bauernfänger finden wir überall dort, wo Menschen durch fiese Trickbetrüger übers Ohr gehauen werden. Ob sie bei Kaffeefahrten mit übertreuerten Heizdecken abgezockt werden oder angebliche Lottogewinne im Briefkasten finden oder im Internet auf Seiten landen, auf denen, wer Gut und Geld behalten möchte, lieber nicht landen sollte, ist wurscht: All das ist Bauernfängerei.

Doch was haben Bauern damit zu tun? Nun, sie waren die ersten, die betrogen wurden!

Wir befinden uns in den Wirren des Dreißigjährigen Krieges. Damals gingen den Kriegsherren die Krieger aus. Darum zogen Söldnerwerber durchs Land und fanden ihre Opfer oft im bäuerlichen Umfeld. In Krug und Kneipe fragten sie: *Lieb' Bäuerlein, darf ich dir einen Humpen Bier ausgeben oder zwei bis drei?* Drauf sagte der Bauer: *Besten Dank, mein Freund!,* nicht ahnend, dass der Feind ihn nur besoffen machen wollte, um in beduseltem Zustand des Bauern Unterschrift zur Rekrutierung zu erschleichen. So entstand die Bauernfängerei.

Was ist ein Banause?

Wer den Herrn der Ringe für einen Juwelier in Hochzeitsangelegenheiten hält und Kaiserin Sissi für die Schwester des steinerollenden korinthischen Königs Sisyphus; wer mit Aida nur noch ein Schiff und mit Gras lediglich Rauchware verbindet, ist ein Banause! Ein Ignorant, ein Stümper, dem jeglicher Sinn für Kultur, für das Schöne und Edle abhanden gekommen ist.

Der Bildungsbürger oder jener, der sich dafür hält, setzt dem Banausen gern noch die Kultur voran, um anzudeuten, dass der schlimmste aller Pfuscher der Kunst- und Kulturbanause sei. Welch Schand' und Schmach!

Hätten das vorzeiten die echten Banausen geahnt, sie hätte die Häuser der Gebildeten und darauf Eingebildeten nie betreten und die versnobten Arroganzlinge erfrieren lassen!

Banause stammt von *baunos,* dem Ofen; *banausos* war bei den alten Griechen der Ofensetzer! Im Laufe von Jahrhunderten wandelte sich der an sich neutrale Berufsbegriff ins negative, meinte bald jeden, der von seiner Hände Arbeit leben musste und von echter Kunst angeblich keine Ahnung hatte.

Banausen waren später alle Handwerker und Gebrauchskünstler, auch Bauern und Händler. Man sprach ihnen Feingefühl und Bildung ab, selbst wenn sie beides besaßen. Als Schimpfwort in diesem Sinne hat der Banause bis in unsere Zeit überlebt.

Was ist ein Bergputzer?

Es könnte dem Namen nach ein flachlandallergischer Vogel sein oder eine fleischfressende Berghangpflanze, in deren Fressblüte unachtsame Küken aus hochgelegenen Nestern purzeln oder ein Fachbegriff aus der Sexualpsychologie im Dunstkreis seltener fernöstlicher Beischlafpraktiken. Könnte – stimmt aber nicht.

In Wahrheit ist der Bergputzer nur ein Bergputzer. Das ist ein Beruf in steinschlag- und lawinengefährdeten Bergstädten. Beispiel Salzburg: Seit vierhundert Jahren reiten Bergputzer dort auf Schimmeln übers Gebirge. Die Schimmel, das sind aber keine Pferde, sondern, für norddeutsche Ohren übersetzt, Holzschemel, auf denen die Bergputzer reiten, also sitzen. Und beide, der Putzer und sein Schimmelschemel sind an ein langes Seil getüdert. Über ihnen auf dem Berg steht ein Kollege, der freundlicherweise das Seil hält. So gesichert, begibt sich der Putzer am Steilhang auf Putztour:

Er hämmert, klopft und kontrolliert, ob sich durch Regen, Schnee und Sturm Steinbrocken gelöst haben oder ob Büsche und Bäume sich mit ihren Wurzeln im Felsen häuslich niedergelassen haben.

Alsdann putzt der Putzer alles sauber: Weg mit Busch und Baum, mit Wurzel und Geröll, auf dass der Berg wieder sicher sei und die Menschen unter ihm frohgemut und ohne Angst vor Steinlawinen ihre Zeit im Schatten der Berge genießen können.

Was ist ein Beutelschneider?

Es wird dem Manne heiß und kalt beim Klang des Worts allein! Kochender Schweiß überströmt, und eisiger Schmerz durchzuckt ihn, wenn er des Beutelschneiders gedenkt. Kein Wunder, dass der Mann auf den Beutelschneider sensibler reagiert als die Frau, denn der Mann ist ein Beuteltier! Er allein passt im Dunstkreis seiner Lenden auf den teuren Beutel auf und tat das immer schon!

Frauen hingegen sah man früher fast nie mit so einem herrlich prall gefüllten Sack herumlaufen; meist war's dem Manne vorbehalten, den Beutel zu tragen, zu hüten und nach Herzenslust darin herumzuwühlen. Ach, wie's Münzlein dann schepperte und klang!

Auf Reisen trug der Mann den ledernen Geldbeutel oft am Gürtel spazieren, was fatal war, wenn ein hundsgemeiner Beutelschneider des Weges kam und seinem Handwerk, dem Beutelabschneiden, nachging! Dann war der Sack nämlich weg und mit ihm das Geld.

Beutelschneider sind Taschendiebe oder eben Beutelräuber, die recht halunkisch ihre Beutelbeute dem vormaligen Sackbesitzer schimpflich vom Gürtel schnitten. Der Begriff ist uns schon seit achthundert Jahren bekannt. Und wer einen besonders vollen Beutel erwischte, machte übrigens *einen guten Schnitt.*

Was ist ein Kumpel?

Das ist ein Freund, mit dem man Pferde stehlen kann. Oder, um es einen Hauch weniger kriminell klingen zu lassen, mit dem man durch dick und dünn geht, der schwer in Ordnung ist und mit dem man nächtelang zechen kann. In Bergbrauregionen kann natürlich auch ein Kumpel ein echter Kumpel sein, also ein kumpeliger Bergmann. Soweit so klar, doch woher kommt der Kumpel dem Worte nach?
Er ist die umgangssprachliche Variante des alten Kumpan, den wir schon im Hochmittelalter kannten und dem Französischen entlehnten. Der Kumpan kann, wie der Kumpel, ein burschikoser Freund sein, auch ein Kollege, und er ersetzt den älteren Ausdruck des *guten Gesellen.*
Zweifellos haftet Kumpel wie Kumpan daneben auch etwas Zweifelhaftes an, wie das bei guten Freunden und Spießgesellen so ist, die auch mal Fünfe gerade sein lassen.
Im Ursprung gehen Kumpel wie Kumpan auf den lateinischen *companio* zurück. *Com* bedeutet zusammen, und im Rest steckt *panis,* das Brot. Der Kumpan ist also der Brotgenosse, der Gefährte, mit dem man gemeinsam, und zwar gerne, seine Mahlzeit teilt.
Dabei taucht der schnoddersprachlich aus dem Kumpan abgeleitete Kumpel abseits des Bergbaues bei uns erst zwischen Anfang und Mitte des 20. Jahrhunderts auf!

Was sind Minister?

Seltsame Frage – wir sehen sie täglich, hören ihre hochministeriellen Worte, wissen, wie sie in unser Leben hinein regieren, als Mitglieder jener Regierungen, in deren Wirkungsfeld selbst Omas Schrebergartengröße und die Frage der Mindestlänge von Kondomen fällt. Nur mal so zum Beispiel.

Minister sind nach König oder Kanzler die obersten und wichtigsten Herrschaften der obersten und wichtigsten Behörden des Staates. In diesem Sinne kennen die Franzosen den Minister seit dem 16., wir seit dem 17. Jahrhundert.

Seit jener Zeit ist viel geschehen, auch in der Rubrik Ministerwitze. Sagt etwa der Finanzminister: *Hören Sie, in meiner Jugend wollte ich Räuber werden!* Sagt der Zuhörer: *Sie Glücklicher! Wer kann sich schon seinen Jugendtraum erfüllen?!* In einem Reisebericht lesen wir schon 1731 über Minister auf Reisen: *Die spanischen Minister huren in Sizilien, trinken in Neapel und schlemmen in Mailand.*

Bei alledem nimmt es wunder, dass der Ursprung des Ministers eher am Fuße des Berges denn an seiner Spitze liegt, um es mal etwas blumig zu fomulieren. Im Minister steckt *mini*, und der Minister selbst steckt im Ministranten, jenem Helfer, der katholischen Priestern im Gottesdienst zur Hand geht.

Ministrant und Minister: von lateinisch *ministrare* für dienen; verwandt mit Minus und Minimum, also kleiner, am kleinsten. Minister sind demnach, wortwörtlich verstanden, nichts anderes als Diener und Helfer.

Was ist ein Schröter?

Das kann ein liebreizender Mensch oder ein Miesepeter sein, klar, denn schwarze Schafe gibt es in jeder Familie. Der Schröter ist uns nur noch als sprechender Nachname bekannt. Das sind Namen, die sich aus schweißtreibenden Berufen entwickelten, welche heute entweder ausgestorben sind oder anders heißen.

Kurz gesagt, können wir fast alles schroten, was wir kurz und klein kriegen wollen: Leinen und Seide, Roggen und Weizen, Eiche und Fichte. Das Schroten kennen wir schon aus dem Althochdeutschen. Es ist ein schillerndes, lautmalerisches Wort, das für alles steht, was wir zerhauen und zerkloppen, zersägen, zerschneiden und zermalmen, und was dabei knirschende und berstende, raspelnde, schabende oder eben schrotende Geräusche von sich gibt.

So kommt einerseits das Schrot aus geschrotetem Getreide zu seinem Namen sowie die Schrotsäge, mit der wir Baumstämme zerschroten, also zerteilen.

Andererseits ist der Schröter ein altes Wort für den Schneider, der seine Stoffe zerschnibbelt. Auch den Transporteur und Lieferanten von Wein- und Bierfässern nannten wir Schröter, weil er die Fässer mühsam rollend über den Fußboden bewegte, wobei ein schabendes, also schrotendes Geräusch entstand. Der Schröter starb als Beruf im 19. Jahrhundert aus.

Wer hat den Showmaster erfunden?

Der herrlich englisch anmutende Begriff wurde von einem Holländer in Deutschland geprägt. Besagter Herr aus dem Land der Wohnwagen und Windmühlen war selbst ein Showmaster, allerdings nannte er sich in seiner Anfangszeit noch Entertainer, was wenigstens echtes Englisch ist. Bürgerlicher Name des Mannes: Rudolf Wijbrand Kesselaar – alias Rudi Carrell.

Der Mann moderierte einige der erfolgreichsten Shows im deutschen Fernsehen, außerdem betätigte er sich als Sänger und bescherte uns so den Klassiker: *Showmaster ist mein Beruf!* Damit war eine nagelneue Berufsbezeichnung geboren, zusammengesetzt aus den echten englischen Wörtern *show* und *master.*

Dennoch ist es ein Scheinanglizismus, weil es den Begriff im Englischen so gar nicht gibt! Dort heißt der Showmaster bis heute Presenter. Bei uns dagegen hatte der Master durchschlagenden Erfolg, und so bekam er später diverse Ableger, unter anderem den Talk- und den Quizmaster.

Carrell hat mal gesagt: *Als ich nach Deutschland kam, sprach ich nur Englisch, aber weil die deutsche Sprache inzwischen so viele englische Wörter hat, spreche ich jetzt fließend Deutsch!* Und mit dem Showmaster sorgte er dafür, dass er noch ein bisschen besser deutsch sprechen konnte.

Plattdeutscher Ausflug

Wie platt ist unser Hochdeutsch?

Das kommt drauf an, wie plietsch oder wie bräsig der Sprecher sich anstellt. Hat er auf Festplatte im Gehirn mehr gespeichert als eine vorinstallierte Achtzig-Vokabel-Smartphone-App, stehen die Chancen ganz gut, dass er neben hochdeutsch auch manierlich platt kann, meist ohne es zu wissen.

Gut, dem Südgermanen steht noch ein deutliches *Hä?* auf der Stirn, wenn wir norddeutsch sagen: *Wir luschern im Dustern nach unsern Puschen, und wir haben Schmacht auf Mettwurst oder schlabbern szutsche an unserm Köm, bis wir dun sind.*

Hier wimmelt es geradezu vor plattdeutschen Ausdrücken! Hochdeutsch hätte der Satz ungefähr heißen müssen: *Wir gucken in der Dunkelheit nach unseren Hausschuhen, und wir haben Hunger auf Mettwurst* (dafür gibt es gar kein hochdeutsches Wort!), *oder wir trinken gemächlich unseren Schnaps, bis wir betrunken sind.*

Einige plattdeutsche Begriffe haben ihre hochdeutschen Kollegen sogar fast überall im Vaterland an die Wand gespielt. Nehmen wir das Ufer, es hat erfolgreich das hochdeutsche Wort Gestade verdrängt. Auch die Fliese ist platt für die hochdeutsche Kachel. Darüber hinaus schlafen wir auf Laken, nicht auf Leintüchern oder Linnen. Bei uns verrotten Äpfel, statt zu verfaulen. Und für Schmuggeln, Knabbern und Pinkeln haben wir uns erst gar keine hochdeutschen Wörter ausgedacht. Selbst der Möwe haben wir nie einen hochdeutschen Namen verpasst!

Wen piesacken wir – und womit?

Es ist eine Kunst des Teufels, jemanden zu piesacken, bis er kirre wird. Es ist eine Plage, jedoch noch eine vergleichsweise milde Form des Quälens. Der Schmerz hält sich in Grenzen, halb Scherz, halb Ernst, erst mit der Zeit wird's unerträglich.

Ärgern, reizen, hetzen: Einmal hält man es aus und auch ein zweites Mal, doch permanentes Piesacken bringt das Fass zum überlaufen.

Wir kennen das Quälwort so seit dem 18. Jahrhundert, doch seine Wurzeln reichen tiefer. Schon im 13. Jahrhundert taucht der mittelniederdeutsche Ausdruck pese auf, für Sehne, und besonders der Ossenpesel, das ist der Ochsenziemer, ein heute irgendwie in Verruf gekommenes Züchtigungsinstrument.

Der Pesel ist des Ochsen bestes Stück, das ihm auf seinem Weg vom Bullen zum Ochsen, beim leidvollen Kastriertwerden, abhanden kommt. Weggeschmissen wurde so ein Bullenpenis natürlich nie, sondern wegen seiner elastischen Kraft und Stärke zum peseln und piesacken weiterverarbeitet.

Der Ochsenziemer oder Ossenpesel sieht, nachdem er getrocknet wurde, wie ein Schrumpelstrick aus, hübsch verdreht, wie geflochten, fast einen Meter lang, ein veritables Verprügelungsutensil zur schmerzhaften Bestrafung von Mensch und Tier.

Wenn wir heute jemanden piesacken, ist das also geradezu niedlich im Vergleich zum Piesackpotential des echten Ochsenpesels früher!

Wer zieht eine Flunsch?

Wer sauer ist und traurig, auch maulig und bockig, zieht eine Flunsch (süddeutsch auch einen Flunsch). Er zieht die Mundwinkel nach unten und schiebt, besonders in der Bockigkeitsvariante, die Unterlippe nach vorn.
Up platt gifft dat den schönen Schnack: *Dor treckt ein so ein Flunsch, dor kann ein Hahn un söben Häuhner up sitten!* Wohrhaftig, ut dat Plattdütsche kümmt de Flunsch. Sei is ein vun de Würr, de wi in't Hochdütsche öwernahmen hebben, tämlich lat, ierst in't 19. Johrhunnert. Anfällig für das Flunschziehen sind vor allem Kinder und Flegel in postpubertären Stadien, die, wenn sie ihren Willen nicht bekommen, ihre Umgebung schmollend annerven.
Die Flunsch hat etwas Weinerliches, und tatsächlich ist sie mit Flennen verwandt, diesem hemmungslosen Ich-bekomme-meinen-Willen-nicht-Geheule.
Trauriges Weinen erzeugt unser Mitgefühl, die flennende Flunsch stößt uns eher ab, es sei denn, wir haben die milde Form leichter Enttäuschung vor uns, dann trösten wir schonmal: *Treck nich so'n Flunsch, ward allens wedder gaud!*
Die wortverwandte Steigerung von Flunsch und Flennen ist übrigens Fletschen. Der Unterschied: Beim Flunschen bleibt der Mund noch in jedem Falle geschlossen, beim Fletschen zeigen wir die Zähne!

Wer ist plietsch?

Wollte ich mich im Süden als Norddeutscher offenbaren, brauchte ich nur wenige Signalwörter, und die Sache wäre sonnenklar!

Bin ich beim Essen krüsch, oder geht es mir nach dem Saufen kodderig, und bin ich nach einem Streit gnaddelig, dann bin ich vor allem eines: ein Nordlicht! All diese Ausdrücke sind dem Süddeutschen wesensfremd.

Und dann erst die Sache mit der Plietschigkeit! Wenn wir sagen, jemand sei plietsch, ist das ein Kompliment, das nur durch schwiensplietsch gesteigert werden kann, freilich mit Augenzwinkern und einem Unterton für ausgebufft, gewieft und eben schweinchenschlau.

Auf jeden Fall schwingt immer eine gewisse, oft neidumflorte Hochachtung mit. Da nimmt es doch gehörig wunder, dass plietsch entstanden ist durch ein Zusammenziehen des mittelniederdeutschen *politsch* für politisch, im Sinne von pfiffig, weltgewandt und staatskundig.

Ups, etwas Positives über Politiker? Der plietsche Politiker ist jedenfalls ein politischer Politiker, in einem ursprünglichen Verständnis des Wortes. Politiker stammt ja von *polis* her, das ist die Stadt, die Gemeinschaft. Plietsch und politisch sind also Menschen, die sich für den Staat einsetzen, und zwar *polite* oder *politicos,* was höflich und rücksichtsvoll bedeutet.

Plietsch, ein schillerndes Wort mit schillernder Geschichte.

Was ist eine Affenschande?

Es ist ein ausgemachtes Schmierentheater, eine blamable Affäre, ein absolutes Ärgernis, mit einem Wort: ein Affenkram, diese Affenschande!
Wo immer etwas skandalös schief läuft, sind wir mit dem Schandwort bei der Hand, führen es im Munde und wundern und wenig, dass wir die einfache Schande so tierisch krönen, mit Hilfe unserer reichlich behaarten und immer etwas albern wirkenden Vettern aus dem Wald.
Wir sind es ja gewohnt, unsere Rede gelegentlich durch Affen zu steiger: Die Affenliebe ist etwa eine besonders übertriebene Form der Zärtlichkeit; beim Affentanz fällt jemand benimmtechnisch völlig aus dem Rahmen; und das Affentempo ist absurd, also unangemessen hoch.
Auf diese Weise ließe sich auch leicht die Affenschande erklären, als absonderlich-absurde Schande. Allein, in diesem spezialgelagerten Sonderfall liegt eine Verballhornung vor. Mit Affen hat diese Schande gar nichts zu tun. Wi moeten na dat Plattdütsche kieken. Die Affen sünd dor de Apen. Öwer apen heit ok offen. Un so riemelt sik dat ok taurecht: De Apenschannen up platt, das war die offene, die offenbare Schande. Falsch übersetzt ist daraus in den 1820er Jahren die hochdeutsche Affenschande geworden.

Wen haben wir auf dem Kieker?

O wundervolle Welt aus neidischen Arbeitskollegen und gehässigen Verwandten, mißtrauischen Ehegatten und boshaften Parteifreunden!

Wir haben Leute auf dem Kieker, von denen wir inständig hoffen, dass sie alsbald einen Bock schießen, also einen solch kolossalen Fehler machen, dass er ihnen das Genick bricht und Karriere oder Ehe und Erbe versaut.

Wir haben auf dem Kieker, wen wir genau im Auge behalten, um fürchterliches Fehlverhalten festzustellen. Hat der Chef jemanden auf dem Kieker, wird der Betreffende meist seines Lebens nicht mehr froh; er wird nach Kräften schikaniert und aus der Firma hinaus gehänselt.

Gelegentlich haben wir allerdings auch ein Objekt der Begierde auf dem Kieker, das uns freudvolle Wonnen verspricht, sollten wir seiner wirklich habhaft werden können.

Wir kennen die Redensart seit dem 18. Jahrhundert, vor allem in Norddeutschland, denn der Kieker ist das plattdeutsche Wort für Lupe oder Fernrohr und Fernglas.

Un dat gifft je noch miehr Kieker: den Wattenkieker taum Bispäl. Dat is ein Minsch, de sik dat Watt bekieken deiht, woans sik dat verhöllt. Oder ok den ollen Spökenkieker, der sich bestens in der Spökenwelt, der Spuk- und Geisterwelt auskennt. Tauminnst hett hei den Spök up'n Kieker!

Wer mäkelt an allem herum?

Ja, es gibt ganz vereinzelt mäkelige Mecklenburger. Leute, denen man nichts recht machen kann, ausgemachte Nörgelfritzen, die an allem und jedem etwas auszusetzen haben, und die nur glücklich sind, wenn sie unglücklich sind. Soll heißen: wenn sie etwas zu meckern und zu mäkeln haben.
Genauso gibt es aber auch schimpfende Schweizer, salbadernde Sachsen und pöbelnde Pommern. Das Mäkeln hat mit dem Mecklenburger jedenfalls außer einer gewissen Lautähnlichkeit nichts zu tun!
Gleichwohl kennen insbesondere die Norddeutschen das Mäkeln, was nicht verwundert, denn es kommt aus der niederdeutsch-holländischen Kaufmannssprache. Das Hauptwort zum Mäkeln ist der Makler, der Macher eigentlich. Das ist ein Unterhändler, der nicht nur Häuser, sondern Waren jeglicher Art ankauft. Dabei schachert und macht und mäkelt jedoch, er sucht und findet jeden Fehler, um letztendlich den Preis so weit wie möglich zu drücken.
Das gemeine Volk beobachtete das Feilschen und Nörgeln der Makler genau und übernahm das Mäkeln im 18. Jahrhundert so in die Umgangssprache, wie wir es bis heute verstehen:
Wenn jemand überall etwas auszusetzen hat, alles bemängelt und bemosert, also tadelt, dann mäkelt er.

Wat den einen sin Uhl, is den annern sin Nachtigall?

Öwer ja! De ein steiht up schwarte Hoor un brune Ogen, de anner miehr up blond un blage Klüsen. Der eine steht auf Mädchen, der andere auf Jungs. Der eine vegetiert vegetarisch famos durchs Leben, der andere sagt hinwiederum: *Nö, Fleisch ist mein Gemüse!* Wat den einen sin Uhl, is den annern sin Nachtigall! Soll heißen:
Was der eine liebt, kann der andere nicht ausstehen. Wo der eine ins Schwärmen kommt, regt sich im andern Verachtung. So niedlich der Spruch auch klingt, er verhandelt krasse Gegensätze. Das Sprichwort läuft genau genommen auf Tod oder Leben, Hass oder Liebe, Krieg oder Frieden hinaus. Denn de Uhl, die Eule, ist seit alter Zeit der Vogel des Todes, Bote des Bösen, Hexenvogel, Mordanzeiger.
Bei Shakespeare hört Lady Macbeth schaudernd diesen Vogel kreischen, während ihr Mann den König meuchelt: *Still, horch! Die Eule war's, die schrie, der traur'ge Wächter, die grässlich gute Nacht wünscht!*
Die Nachtigall ist dagegen ein Frühlingsbote, Symbol der Liebe und des Lebens. Schon Walther von der Vogelweide schrieb über eines Schäferstündchens Begleitmusik: *Vor dem Walde in einem Tal, sang lieblich die Nachtigall.*
So fügen sich beide, Eule und Nachtigall, in den Spruch der Gegensätze, den wi up platt vun Fritz Reuter ut sine Stromtid kennen: Wat den einen sin Uhl, is den annern sin Nachtigall!

Wer bezahlt mit Kröten?

Wir kennen für den schnöden Mammon eine ganze Batterie seltsamer Kosenamen, von denen viele aus der Gaunersprache stammen und Hüllwörter sind, die den wahren Sinn des Gesagten verschleiern sollen, denn schon lange gilt: Über Geld spricht man nicht! Pinkepinke und Zaster, Kohle und Schotter: alles Gaunerbegriffe!

Die Kröte hat dagegen einen anderen Weg genommen und mit dem ausgesucht hässlichen Vieh selben Namens übrigens nichts zu tun! Wenn wir heute von Krötengeld reden, dann meist abwertend: *Für ein paar luderlumpige Kröten muss ich den Buckel krumm machen!* Kröten tauchen bei uns also immer in viel zu geringer Menge auf.

Ursprünglich war die Kröte ein recht geschätztes Geldstück, immerhin zwölf Pfennige wert. Zum ersten Mal unter König Ludig IX. von Frankreich anno 1266 in Tours geprägt, als *groszus denarius Turonus,* als dicker Denar von Tours. Diese Dickmünze verbreitete sich binnen kurzem auch über deutsche und angrenzende Länder.

Aus dem *groszus,* dem dicken, wurde dabei schnell der Groschen und daraus wiederum im holländisch-norddeutschen Raum der *Groten,* also eigentlich der Große. Von diesem Groten bis zur Kröte war es sprachlich nur ein Katzensprung, der uns gleichwohl schon seit dem 14. Jahrhundert begleitet.

Holl di fuchtig! Was soll denn das bedeuten?

Der Zugereiste wundert sich, wenn er zum Abschied mit norddeutschem Zungenschlag konfrontiert wird. Tschüß und Tschüssing kann er gerade noch entschlüsseln. Aber ein burschikoses *Holl di fuchtig!* oder noch rätselhafter: *Holl di stief un holl di fuchtig!* bringt ihn ins Grübeln: War das jetzt nett gemeint, oder wurde ich gerade aufs Schönste beschimpft?

Zweifel sind berechtigt, denn fuchtig kennen wir auch anderswo: Wenn einer fuchtig wird, dann ist er wütend. Kein Wunder, denn das zornig-aufgebrachte Fuchtig wurzelt im altgermanischen *fehtan* für fechten.

Mit dem gleichlautenden niederdeutschen fuchtig hat das aber nichts zu tun, denn das entstammt einem alten Wort für feucht. *Holl di stief un holl di fuchtig!* bedeutet also eins zu eins übersetzt: Halt dich steif und halt dich feucht!

Dahinter kann, wer mit zweifelhafter Phantasie ausgestattet ist, einen Wunsch vermuten, der sich mit interessanten Körperregionen unterhalb der Gürtellinie beschäftigt.

Holl di stief, also halt dich steif, meint jedoch verkürzt nur: Halt dich aufrecht und gerade, Kopf hoch! Und *holl dich fuchtig,* halt dich feucht, erinnert an gut durchwässerte Natur und bedeutet im übertragenen Sinne: Halt dich munter und gesund. So bekäken is in den ollen stief-un-fuchtig-Schnack gor kein Schwienkram in tau finnen. Also: Holl di stief un holl di fuchtig!

Können Hunde Sommersprossen bekommen?

Es ist eine seltsame Vorstellung, dass unsere Bell- und Wedelmaschinen irgendwo unterm Fell Sommersprossen bekommen könnten. Und falls das so wäre, wen störte es, da wir nichts davon je zu sehen bekämen? Es sei denn, wir rasierten den Wuffelputz!

Stimmt, aber nicht der ganze Hund ist mit Fell überwuchert, seine Nase liegt frei, und um die geht es. Im Sommer ist die Nasenspitze schwarz, zum Winter färbt sie sich schweinchenrosa. Fachbegriff: Wechselnase.

Besonders betroffen sind nordische und helle Rassen wie Labrador, Golden Retriever und Hovawart, auch Weißer Schäferhund: Sie alle können unter Wechselnasen leiden. Oder vielmehr leiden Hundebesitzer, gilt die Wechselnase doch manch einem als Makel oder Krankheit gar.

Klare Ansage dazu: Hunde mit Wechselnasen sind nicht krank! Tiermediziner rätseln aber bis heute, wodurch die Nasenfarbänderungen verursacht werden. Lange dachte man, sie entstünden im Winterschnee durch reflektierendes Sonnenlicht, weshalb das Phänomen im Englischen *snow nose,* Schneenase heißt. Auch herbst-winterlicher Vitaminmangel wurde immer wieder diskutiert. Aber vermutlich ist die Wechselnase nichts weiter, als eine Pigmentvariante, vergleichbar eben den Sommersprossen bei hellhäutigen Nordmenschen.

Warum schmeißen Geckos ganze Körperteile weg?

Klare Antwort: Weil sie es können! Konkret sprechen wir über den Schwanz der Schuppenechse.

Ist der Gecko in Gefahr und auf der Flucht, wirft er seinen Schwanz einfach weg. Wer einem Gecko den Schwanz langzieht, macht am Ende ein langes Gesicht, weil er nur das wedelnde Hinterteil in Händen hält, derweil der relevante Gecko-Rest erfolgreich das Weite sucht. Soweit ist die Geschichte lange bekannt.

Vor geraumer Zeit allerdings fanden Forscher heraus, dass der abgestoßene Schwanz ganz ohne Gecko noch bis zu einer halben Stunde aus eigenem Antrieb hüpfen, hopsen, springen, tanzen und bis zu drei Zentimeter hohe Salti schlagen kann. Warum?

Der hirn- und restkörperbefreite Schwanz lenkt den Verfolger mit diesem Trick davon ab, dass der Gecko selbst längst auf und davon ist. Einfach gesagt: Die Echse verarscht ihren Feind, der fasziniert den zuckenden Schwanz betrachtet, und zwar kräftig.

Nun untersuchen Forscher, wie es einem einzelnen Körperglied möglich ist, derartige Kunststücke ganz alleine auszuführen. Vielleicht sind Sensoren im Schwanz mit im Spiel, die irgendwie auf die Umwelt reagieren.

Übrigens bleibt der Gecko nicht lange schwanzlos, denn er kann seinen prächtig wedelnden Freund wieder wachsen lassen. Nicht so lang und nicht so prächtig wie den ersten, aber immerhin, fürs Überleben reicht es!

Was für ein selten hässliches Vieh ist der Blobfisch?

Es gibt Kreaturen, da fragt sich der Betrachter unweigerlich: *Warum hat Mutter Natur das zugelassen?* Nicht, dass unsere menschliche Vorstellung von Schönheit und Ästhetik das Maß aller Dinge wäre, aber der Blobfisch ist nun einmal so exorbitant hässlich, dass wir über ihn reden müssen!
Er lebt in der Tiefsee, ganz unten am Grund. Da wartet er, bis eine ahnungslose Mahlzeit vorbeischwimmt und schnappt zu. Der Blobfisch sieht wie ein schleimiger, weißlicher Haufen erbrochener Wabbelmasse mit Augen aus und fühlt sich geleeartig wie Wackelpudding an. Mit tiefhängender Nase über maulig heruntergezogenen Mundwinkeln mutet er wie ein Wesen an, das der schrägen Drogenrauschphantasie für einen Monsterfilm entsprungen ist. Er ist aber nicht eigentlich gefährlich, nur hässlich wie die Nacht.
Der Blobfisch ist dabei so gallertartig und fluffig gebaut, dass er nicht mal eine Schwimmblase braucht, um ein paar Meter nach oben zu kommen, sondern wie von Geisterhand im Wasser zu schweben scheint. In einer Internetabstimmung wurde er mal zum hässlichsten Tier der Welt gekürt. Bei allem Lachen, Ekeln oder Schaudern darf der Betrachter aber nicht vergessen, dass die Schöpfung niemals unnützes Leben hervorbringt. Sie hat sich also auch beim Blobfisch irgend etwas gedacht, was genau, entzieht sich allerdings einstweilen unserer Kenntnis.

Was für ein Leben führen Bettwanzen?

Sie nerven, bekrabbeln und belästigen uns! Das Interessante an den Mistviechern: Sie nerven, bekrabbeln und belästigen sich auch gegenseitig! Genau deshalb haben sie eine Art Anti-Sex-Parfüm erfunden, speziell die Bettwanzenlarve.
Grund: Wanzenmännchen begatten alles, was nicht bei drei auf den Daunen ist. Ist ein Männchen rallig, und das ist es ständig, sucht es sich ein Weibchen, durchsticht dessen Panzer und spritzt seinen Samen in das Wanzenweibchen hinein. Allerdings besteigen Wanzenmännchen ausnahmslos alles, was ungefähr die Größe eines Weibchens hat. Da wanzen sich die Wanzen auch schon mal an andere Männchen und Larven heran.
Die Weibchen haben sich natürlich an den Brutalo-Machoverkehr gewöhnt, Larven dagegen können durch den Begattungsstich schwer verletzt werden. Also sondern die Larven Stinkstoffe ab, die dem Männchen signalisieren: *Stop, und keinen Stich weiter!*
Der Antisexparfüm-Trick funktioniert offenbar sehr gut. Wanzenforscher hoffen nun, aus den Bettwanzenlarven-Lusttöterdüften natürliche Wanzenabwehrmittel herzustellen. Vorausgesetzt, das Zeug wirkt lusttötend wirklich nur auf *Wanzen*männchen.

Kräht ein deutscher Hahn anders als ein ungarischer?

Man nehme zwei Hähne und lasse sie frühmorgens vor Tau und Tag ihr enervierendes Kikeriki bölken. Den einen Hahn setze man in einen Stall bei Rostock oder Anklam, den anderen in einen ebensolchen bei Sopron oder Kolozsvár. Was passiert?

Beide Hähne nerven den Zuhörer auf dieselbe Weise mit ihrem akustischen Reviermarkier-Gehabe. Doch Pommer wird wie Mecklenburger sagen: Dieser Hahn schreit *kikeriki!* Der Ungar wird dagegen lächelnd den Kopf schütteln und sagen: Nein, der brüllt *kukuriku!* Wie kommt's?

Wir haben es mit Onomatopoesie zu tun. Das ist Laut- und Tonmalerei, eine Art Lautnachahmung des tierischen Originals. Doch jede Sprache besitzt ein eigenes Lautinventar, dessen sich der Sprecher bedient. Er übersetzt, was er hört und hört, was er am besten nachsprechen kann. So kommen diese leichten Vokalverschiebungen zustande, bei Wörtern, die darüber hinaus weltweit sehr ähnlich sind.

Daher rührt es, dass der französische Hahn *cocorico* krächzt, der schwedische singt *kuckeliku,* der russische *kukareku* und der japanische *kokekokko*. Lediglich die Hähne des britischen Empires schlagen aus der Art, sie singen ein leicht versnobtes *cock-a-doodle-do,* was eher an Loriotsches Jodeln als an echte Hahnenschreie gemahnt. Doch sei es drum, der große Rest der Hähnchenwelt versteht sich ja!

Was ist eine Furzgrundel?

Das ist ein Wesen mit Raritätenstatus, es steht auf der Liste bedrohter Tierarten. Die Furzgrundel heißt eigentlich Schlammpeitzger, im Norden auch Quietsch-Aal.

Der schlangenähnliche Fisch lebt am liebsten da, wo andere am liebsten nicht leben: im Dreck und Schlamm größerer Flüsse. Da pennt er tagsüber und geht nachts auf Beutefang. Doch wenn Gewitter dräuen, verändert der geheimnisvolle, kaum erforschte, ruhige Schlammbewohner sein Wesen und wird zum hippelig-zappeligen Wetterfisch. Dann steigt er auch bei Tage bis zur Wasseroberfläche.

Vorzeiten wurde er als Wetteranzeiger in großen, mit Schlamm vermodderten Wassergläsern gehalten. Er sollte dort vor nahendem Ungemach durch Blitz und Donner warnen. Warum der Schlammpeitzger so unruhig wird, ist nicht ganz klar, aber es könnte mit verändertem Luftdruck vor einem Gewitter zusammenhängen.

Und der Fisch kann noch mehr! Er atmet nicht nur über die Kiemen, sondern auch gewissermaßen über den Darm. An der Wasseroberfläche schluckt er Luft, der Luftsauerstoff gelangt über den Darm in den Blutkreislauf, und die verbrauchte Luft entweicht mit quietschendem Geräusch durch das Fischhinterteil nach draußen; daher die Spitznamen Quietschaal und Furzgrundel.

Warum sind Schwertfische so schnell?

Es sind mit die flinkesten Fische des Planeten. Sie jagen torpedogleich mit bis zu einhundert Kilometern pro Stunde durchs Wasser.

Zum Vergleich: Der Mensch bringt es auf schneckenhafte sechs bis sieben km/h – maximal!

Aber wir hampeln auch mit etlichen Körperanhängseln im Wasser herum, die allesamt unsere Geschwindigkeit bremsen: abstehende Arme und Beine, dazu kommt noch der Bratzkopf über einem viel zu dünnen Hals. Und dann die breite Bremsschulter erst! Also Stromlinienform sieht anders aus!

Der Schwertfisch dagegen hat die perfekte Pfeilform. Trotzdem war uns das Geheimnis seiner Geschwindigkeit lange unklar. Holländische Forscher fanden aber eine mysteriöse Stelle zwischen Schwert und Kopf. Dort produziert der Fisch ein hochgradig wasserabweisendes Spezialöl. Über winzige Hautöffnungen verteilt er das Öl zwischen den Schuppen, um die Reibung im Wasser auf ein Minimum zu reduzieren.

Allerdings haben Schwertfische ein winziges Problem: Sie haben keine Bauchflossen und können deshalb nicht bremsen! Drum sind plötzliche Hindernisse für Schwertfische einigermaßen tödlich; es sei denn, das Hindernis ist klein, weich und lecker. Dann ist die Welt auch für den bremslosen Fisch völlig in Ordnung.

Was verstehen wir unter einer Trockenstarre?

Ein Land, das zur Wüste verdorrt? Eine Pflanze, die als Trockenblume noch für eine gewisse Zeit des Betrachters Auge farbenfroh erfreut?
Mitnichten! Wir haben es mit einem unglaublichen Überlebenstrick in der Tierwelt zu tun. Da gibt es seit vierzig Millionen Jahren die Rädertierchen. Das sind meist nicht mal einen Millimeter kurze Winzlinge, die fast überall zu Hause sind, auf Bäumen und in Meeren, zwischen Moos und Farn. Selbst in der Eiseskälte der Antarktis sowie der Höllenhitze von Thermalquellen treiben sie sich herum.
Und sie überleben eigentlich tödliche Parasiten und giftige Pilzinfektionen auf einmalige Weise: Sie lassen wie aus einer Badewanne ihre Körperflüssigkeit ablaufen und vertrocknen. Diese Trockenstarre überlebt kein noch so gefräßiger Parasit, kein noch so fieser Todespilz.
Also: Pilz und Parasit sterben. Wenn sie tot sind, saugt sich das Rädertier erneut voll Wasser und schwurbelt weiter durch Moos und Erde, Sumpf und Wasser. Doch liegen die neuen Gestade fern der alten Heimat! Während der Dörrphase, die Jahre dauern kann, hat es sich nämlich vom Winde verwehen lassen. So lebt es nun weit entfernt der alten Pilz- und Parasitenfeinde, und bis die es wiederfinden, ist es längst wieder auf und davon.
Eine solche Überlebensstrategie ist bislang von keinem anderen Tier bekannt.

Haben Schlangen Beine?

Wir stellen uns die Schlange vor, die sich zischelnd auf ihre Hinterbeine erhebt, mannshoch reckt und uns beim Mittag über die Schulter auf den Teller schielt, um zu erkunden, ob ein schmackhafter Paradiesapfel daliegt, der ihrem Magenknurren ein Ende bereiten könnte.

Uns bereitet die Vorstellung Unbehagen, doch es gab sie wirklich, Laufschlangen, die durchs Unterholz gingen, statt zu kriechen! Französische Forscher haben ein 95 Millionen Jahre altes Schlangenfossil geröntgt und festgestellt: Diese Schlange kroch zwar schon, aber sie besaß noch Knöchel, und wo es Knöchel gibt, folgerten die Forscher blitzgescheit, müsse es auch mal die Knöchelverlängerung, das Bein, gegeben haben, sonst habe der ganze Knöchel schließlich keinen Sinn.

Schlangen verloren ihre Beine erst, als sie sie nicht mehr brauchten. Urschlangen waren heutigen Echsen noch recht ähnlich. Doch dann kamen sie auf die Idee, Höhlen und Gänge zu graben und stellten fest: Das Gängegraben geht am besten mit dem Bratzkopf voran! Beine stören nur, denn die schlackernden Extremitäten stoßen ja überall an und verhaken sich. Also schrumpfte die Schlange auf das für sie wesentliche zusammen, den Schlangenschlängelkörper, und kommt damit, nun beinlos, ganz gut zurecht.

Sind Fuchs und Gans wie Katz und Maus?

Katze frisst Maus, Fuchs klaut Gans. So denken wir gemeinhin. Und wir werden bestärkt durch das schöne, alte Lied: *Fuchs, du hast die Gans gestohlen, gib sie wieder her!*
Aber der Fuchs denkt nicht daran, seine Gänse herauszurücken. Und die Gänse, die keine dummen Gänse sind, sind nicht geneigt, ihren eigenen, privaten Lieblingsfuchs zu verlassen. Warum auch? Sie sind freiwillig bei ihm eingezogen! Wir reden von den hübschen, schillernd weiß-grün-rotbraun-bunten Brandgänsen. Sie sind Höhlenbrüter und ziehen gelegentlich in einen bewohnten Fuchsbau ein, um in aller Ruhe ihre Eier auszubrüten. Der Fuchs lässt sie gewähren, er tut ihnen nichts, jedenfalls, solange sie sich im Bau befinden.
Gefährlich wird es erst, wenn die Gänse samt Küken wieder ausziehen. Dann müssen sie die Flügel in die Hand nehmen und ganz fix zum nächsten Wasser kommen, sonst schnappt sich Meister Reinecke doch noch ein leckeres Gänseexemplar.
Forscher sind nicht ganz sicher, worauf der fuchs-gänsische Burgfrieden im Bau beruht. Vermutlich hat es mit einer Beißhemmung des Fuchses zu tun, denn im Bau leben auch seine eigenen Jungen, die er andernfalls verletzen könnte.
Gelegentlich soll es gar Brandgänse geben, die dem Fuchs beim Auszug eins ihrer Küken überlassen. Das Schwächste. Als Miete, sozusagen.

Welcher Vogel schläft am längsten?

Faustregel: Bei Vögeln ist alles anders, und zwar genau umgekehrt als beim Menschen!
Bei uns ist ja die Antwort sonnenklar: Das Landei ist Frühaufsteher! Während sich langschläfrige Stadtpflanzen noch stundenlang in ihren dicken, auf dem Dorfe beim Federvieh geernteten Daunen umdrehen, sind die Daunenerntehelfer längst auf den Beinen, um die ebenfalls auf den Beinen seienden Daunen-, Milch- und Fleischlieferanten, sprich Gänse, Kühe und Schweine, zu füttern.
Beim Singvogelvieh ist das genau andersrum: Da tüddeln und düddeln, schnübbeln und schnalzen sich Stadtvögel als erste in den Tag hinein, während sich ihre Wald- und Wiesenverwandten schlummernd und schnarchend im Schlafe wälzen.
Rund 80 Prozent der Stadtsingvögel stehen eine ganze Stunde früher als ihre landpommeranzigen Kollegen auf! Grund ist städtische Lichtverschmutzung. Straßenlampen, Leuchtreklame und dauerbelichtete Häuser und Hallen wirken sich auf den Vogelschlummerzyklus aus. Und nicht nur auf ihn!
So fanden Forscher heraus, dass verstädterte, lichtschmutzbeeinflusste Blaumeisenmännchen auch häufiger zum Seitensprunge neigen als ihre Waldverwandten. Deutlich häufiger. Die Stadt verleitet also auch zum Lotterleben, bei Mensch und Vogel. Beweise mal einer das Gegenteil!

Wer bescheißt seine Feinde?

Der geneigte Leser mag die gossensprachliche Entgleisung verzeihen, aber im Verteidigungsfall ist vieles erlaubt, was uns sonst die Nase rümpfen lässt, und anrüchig ist die Feindesbescheißerei auf jeden Fall, allerdings auch plietsch und sogar ein bißchen lustig.

Aber was soll sie anderes tun, wenn sie angegriffen wird, die Misteldrossel? Der Vogel ist nicht allzu prächtig, drosselgrau und wenig spektakulär. Auch sehen Mann und Frau auf den ersten Blick ganz gleich aus; immerhin ist er ein wenig größer.

Doch gegen fiese Fressfeinde und Nachwuchsräuber wie Bussard und Milan ist die Drossel immer noch winzig. Trotzdem kann sie die großen Räuber besiegen, und das geht so: Die Misteldrossel frisst für ihr Leben gern unglaublich klebrige Mistelbeeren. Kommt nun ein Bussard dahergeflogen, der der Drossel Böses will, schwingt sich das kleine Ding in die Luft, schießt am Bussard vorbei und stoffwechselt zielsicher einen schönen, großen, misteligen Mistplacken genau auf des Bussards Rücken und Flügel. Das kotige Stinkezeug verklebt binnen Sekunden dem armen Räuber die Federn, so dass er umgehend notlanden muss. Derweil mampft die Drossel, gerettet, neue Mistelbeeren. Schließlich muss sie nachladen, für den nächsten Angriff, das schlaue Biest. Andere Drosselarten kennen die Feindbekotung übrigens auch.

Macht Krach immer krank?

Nein, beileibe nicht immer, denn manchmal hilft er auch beim Überleben. So gibt es Mitgeschöpfe, insbesondere gefiederte, die sich in Lärmregionen so wohl fühlen, dass sie stille Plätze meiden und krakeligem Krach geradewegs entgegenziehen.

Das haben Forscher in Neu Mexiko entdeckt. Zu jenem Vogelgetier, das sich die volle Dröhnung gerne gibt, gehören Kolibri- und Gimpelarten. Die Federviecher nisten in der Nähe lärmtösender Motoren und stampfender Maschinen. Grund: Im Gekrache und Gerassel können sie erfolgreicher Nachwuchs aufziehen als in der Stille.

Wie kommt's? Ganz einfach, sagen die Forscher: Die fiesesten Fressfeinde von Gimpel und Kolibri, wie der Buschhäher, sind extrem lärmempfindliche Mimosen und meiden den Krach. Der Vogel, der sich im Dauerlärm niederlässt, muss also kaum Angst haben, in dieser Krachhölle von Plünderern aufgespürt und angegriffen zu werden. Nistplatzmotto: Der Wohnort muss nur scheußlich genug gewählt sein, dann lassen einen selbst die hungrigsten Räuber in Ruhe!

Nun soll dies kein Plädoyer für noch mehr Lärm sein, aber bemerkenswert ist es allemal, dass die Natur sich immer wieder ihre Überlebenswege sucht, selbst in krachverseuchter, lebensfeindlicher Landschaft.

Wie mafiös sind Kuckucke?

Bei Gelegenheit der Frage erinnern wir gerne an den seltenen, weil fast unsprechbaren Plural des Kuckucks, der leider nicht Kuckuckse, was lustig wäre, sondern dämlicherweise eben Kuckucke lautet.

Doch kommen wir zum Wesentlichen und zurück zum Singular: Nicht der Italiener, sondern der Kuckuck hat die Mafiamethode erfunden. Wir wissen, dass das dicke, geflügelte Mistvieh seine Eier in fremder Vögel Nester legt. Wenn das liebe Lütte schlüpft, schmeißt es alle anderen Eier aus dem Nest und lässt sich von den unfreiwilligen Zieheltern fürstlich bewirten.

So weit, so mies, und damit ist der Jungkuckuck schon ganz das Kind seiner Eltern, denn solange die brutale Brut noch im Ei steckt, wenden die Alten dieselben Mafiamethoden an.

Manch anderer Vogel merkt durchaus, dass ihm da jemand ein Kuckucksei ins Nest gepackt hat. Doch wehe ihm, wenn er das böse Ei entsorgt! Denn etliche Kuckucke kontrollieren auf Patrouille-Flügen, ob ihre Eier wirklich artig von den Fremdvögeln bebrütet werden. Merken die mafiösen Missetäter, dass ihr Ei entsorgt wurde, machen sie Tabula rasa und hauen das ganze Nest kurz und klein.

Warum die miesen Meuchler von der Restvogelschar nicht von Anfang an kaltgestellt und mit vereinten Kräften attackiert werden? Weiß der Kuckuck!

Wie schlafen Vögel, ohne vom Himmel zu fallen?

Absurde Frage? Wir stellen uns vor, dass unsere vogeligen Fliegefreunde es ja ähnlich handhaben wie wir, in Sachen Ordnung und Sicherheit im Straßen- oder eben Flugverkehr. Nur wach geht es ans Steuer oder in die Luft, geschlafen wird zu Hause, im muggeligen Nest.

Aber das geht auf Langstreckenflügen nicht! Würden etwa Zugvögel alle paar Stunden Schlafpausen einlegen, kämen sie niemals im gelobten Lande an. Nein, vor allem Interkontinentalflieger machen das ganz anders; die schlafen einfach beim Fliegen ein! Die Tiere sind im Blindflug unterwegs!

Einige machen es wie Delphine und sind streckenweise im Halbschlaf unterwegs, ein Auge offen, eins geschlossen, eine Hirnhälfte wach, die andere pennt.

So sind sie wach genug, um mit ihren Vogelkumpels wenigstens keine Massenkarambolagen am Himmel hinzulegen. Luftströmungen sorgen dafür, dass sie nicht abstürzen. Einige Fregattvögel – tropische Hochseevögel mit mehr als zwei Metern Flügelspannweite – sind allerdings so cool, dass sie bis zu sechs Minuten am Stück komplett wegknakken, ohne abzustürzen oder anderen Vögeln hintendrauf zu fliegen.

Fliegen können einige Vögel also wirklich im Schlaf. Wie das ganz genau funktioniert, ist Forschern allerdings noch immer ein Mysterium.

Wie gut können Vögel gucken?

Aus unserer Warte sensationell! Das Beste: Sie sehen nicht nur scharf, sondern können noch allerwinzigste Farbnuancen erkennen.

Erst, wenn wir Sonnengelb, Strohgelb und Lichtgelb problemlos voneinander unterscheiden können, haben wir einen Eindruck davon, wie ein Vogel mit schlechten Augen gucken kann. Ein Vogel mit guten Augen kann natürlich auch zwischen Weizen- und Haferstrohgelb trennen, und einer mit sehr guten Augen weiß darüber hinaus, aus welcher Ackerecke gar der einzelne Strohhalm stammt.

Vögel sind Farberkennungsspezialisten. Menschen haben nur drei Farbrezeptoren, für Grün, Blau und Rot. Vögel besitzen zusätzlich einen Violett-Rezeptor und einen, der beim Wahrnehmen von Bewegungen hilft.

Doch warum muss das Federvieh so viel besser bunt sehen können als wir? Ganz einfach: Versucht der Mensch, als optischer Grobmotoriker, zehn Meisen an ihren unterschiedlichen Federfarben auseinanderzuhalten, scheitert er. Meisen selbst aber können ihre Artgenossen natürlich unterscheiden, schließlich ist es nicht ganz unwichtig, anhand markanter Äußerlichkeiten zu merken, mit wem eigentlich man das nächste Nest bauen wollte. Müsste ein Vogel mit Menschenaugen sehen, hätte er das Gefühl, die Welt bestünde nur noch aus schwarz-weiß.

Wie skurril sind Kaiserpinguine?

Mit weißem Bauch, leicht arrogant empor gerecktem Schnabelkopf und seidig-blauschwarzem, frackartigen Rückenkleid, hat der Watschelvogel schon mal mehr Ähnlichkeit mit einem englischen Butler als mit anderen Vogelkollegen. Bemerkenswert ist er allerdings in mehr als einer Hinsicht. So würde der Vogel von seiner Körpergröße her sehr gut in eine Grundschulklasse passen, ohne zwischen den Minimenschen dort besonders aufzufallen. Bis 1,30 Meter wird er nämlich groß.

Seine Beute jagt der flugunfähige Antarktisbewohner vorzugsweise im Meer, und während er an Land etwas tollpatschig wirkt, entfaltet er im Wasser seine ganze Eleganz. Der Kaiserpinguin schießt mit einer Spitzengeschwindigkeit von bis zu 35 Kilometern pro Stunde durchs feuchte Element, kann bis zu 20 Minuten ununterbrochen tauchen und dringt dabei in Regionen vor, die kein anderer Vogel je erreicht. Der Kaiser unter den Pinguinen kann nämlich bis zu 500 Meter tief tauchen. Das ist einsamer Rekord!

Übrigens können, abgesehen von einigen Tiefsee-U-Boot-Spezialkonstruktionen, bis heute alle gängigen Militär-U-Boote der Welt gerade mal 50 Meter tiefer tauchen als so ein gefiederter Frackträgervogel.

Wo finden wir den lautesten Vogel der Welt?

Männer machen seltsame Sachen, um Frauen zu beeindrucken. Sie plustern sich auf und schlagen Rivalen aus dem Feld, nur um die Herzen der Weibchenwelt zu erobern. Das ist auch beim lieben Vogelgetier sehr gut zu beobachten.
Da trägt der arrogante Pfau, wenn er sein Rad schlägt, einen Körperschmuck spazieren, der so unpraktisch ist, wie nur irgend etwas. Aber das ist völlig wurscht, denn die Hauptsache ist, dass der Herr Pfau mit seinem Monsterding das Fräulein Pfau so sehr beeindruckt, dass beide alsbald zur Nachwuchsproduktion schreiten können.
Andere Tiere gehen da andere Wege. Um zu zeigen, wer der Beste, Gesündeste, Potenteste ist, setzen sie oft ihre Stimme ein. Mal besonders melodisch, mal ausgesprochen laut, wie der Zapfenglockenvogel im brasilianischen Regenwald:
Dem hübschen, kleinen, weißen Gernegroß geht es nicht darum, besonders schön zu singen, nein, er setzt auf Pegel bis zum Anschlag! Auffällig sind seine extrem starken Bauchmuskeln. Forscher rätselten lange, wozu er die braucht, bis sie ihn krakeelen hörten. Jetzt war klar: Die Muskeln helfen dem taubengroßen Schreihals, es in Sachen Lautstärke sogar mit Brüllaffen aufzunehmen. Messungen ergaben bis zu 125 Dezibel, das ist lauter als ein Presslufthammer. Damit ist der Zapfenglockenvogel der lauteste Vogel der Welt.

Was ist ein Pfeilstorch?

Wir kennen den staksbeinigen Langschnabel in den Darreichungsformen Schwarz- und Höckerstorch, Wollhals- und Weißstorch. Letzterer ist auch unter seinem bürgerlichen Namen Klapperstorch bekannt. Das ist der, der die Kinder bringt!

Genau dieser Klapper-Kinder-Bringe-Storch gelangte im 19. Jahrhundert zu einiger Berühmtheit, denn er tauchte gelegentlich als Pfeilstorch am Himmel auf, zum ersten Male 1822 an der Ostsee.

Über Schloss Bothmer in Klütz kreiste damals ein seltsamer Storch, dem ein langer Stab im Halse steckte. Flog der Storch, flog der Stab waagerecht mit; stand der Storch, stand auch der Stab, und zwar senkrecht zum Boden. Schließlich schoss man den Storch ab.

Des Rätsels Lösung: Ein ostafrikanischer Jagdpfeil hatte sich ihm in den Hals gebohrt, aber nicht getötet. Er war im Gewebe verknorpelt und eingewachsen. Der Pfeil war der Beweis, dass Störche in Afrika überwintern. Bis dahin hatte es wilde Theorien gegeben, wo Störche den Winter über abbleiben. Gängige Erklärungen: Entweder tauchten sie in Seen ab und verschliefen den Winter unter Wasser oder verbargen sich zum Winterschlaf in hohlen, alten Bäumen oder verwandelten sich in Mäuse.

Der 1822er Pfeilstorch war der erste, der die Zugvogeltheorie bestätigte. Seither wurden zwei Dutzend Pfeilstörche dokumentiert. Der Bothmersche steht heute in der Zoologischen Sammlung zu Rostock.

Was ist die Schnepfe für ein Vieh?

Wir finden den seltsamen Vogel einerseits flügellos am Straßenrand als Bordsteinschwalbe. Die Schnepfe ist ein altes Wort für die Dirne, die gegen gewisse finanzielle Zuwendungen gewisse Dienste leistet. Etwa um 1600 übertrugen wir den Namen des flatterhaften Vogels auf die flatterhafte Dame.

Der Originalvogel zählt dabei zu den Rekordhaltern unter dem Federvieh. Stichwort: Reiselust. Durchtrainierte Zugvögel jetten ja um die halbe Erde Richtung Süden in ihre Winterquartiere, weil das Angebot an Nahrung in nordischen Breiten zur kalten Jahreszeit recht dünn wird und weil die Tage mit Tageslicht zum Futtersuchen recht kurz werden.

Der große Gewinn, den Zugvögel von ihrer Reiselust haben, ist, dass für sie irgendwie immer Sommer ist. Sie verbringen und verbrüten etwa in Europa oder Amerika die warme Jahreszeit und fliegen zum Herbst im Direktflug dem antarktischen Sommer entgegen.

Weltweiter Rekordhalter im Nonstopflug ist dabei eine Pfuhlschnepfe mit dem amtlichen Namen E7. Dieses Tier flog, mit Peilsender ausgerüstet, von Alaska nach Neuseeland in neun Tagen, ohne zu fressen, zu saufen, zu schlafen. *Ohne Pause!* Distanz: gut 11.500 Kilometer. Durchschnittsgeschwindigkeit mehr als 50 Kilometer pro Stunde.

Eine derartige Dauerflugleistung ist von keinem anderen Vogel der Welt bekannt.

Kampf und Krieg

Wer schießt einen Bock?

Es ist immer wieder schön, sich mit den Bildern jener Redewendungen zu beschäftigen, die sich mit Deppen und Dilettanten auseinandersetzen, mit Versagern also.

Doch seltsam, dass sich ausgerechnet jener, welcher es schafft, einen echten Bock zu schießen, in die Reihen der Flaschen, Pfeifen und tauben Nüsse einreihen muss, denn er hat ihn ja erwischt, den Bock, hurra!

Aber welchen Bock? Das ist hier die Frage! Es ist nämlich der Falsche, jener, der die ganze Schützenbande zu Hohn und lachen reizt.

Wir kennen das Bockschießen seit mindestens 600 Jahren. Es entstand im Dunstkreis alter Volks- und Schützenfeste. Schon damals maßen sich vorzugsweise Männer gern in ihren Künsten. Wer ist der beste, größte, wagemutigste Kerl von allen?

So übten sie sich auch im Schießen, mit Armbrust oder Pfeil und Bogen. Dem erfolgreichsten Schützen winkte als Sieg eine prachtvolle Prämie, vielleicht ein Schwert, gar eine holde Maid, eine Jahresration Bier und Wein, wie auch immer: Ruhm und Ehre waren sein!

Doch was war mit dem schlechtesten der Schützen? Er bekam einen Trostpreis, den er meckernd und zeternd bei den Hörnern packte und nach Hause trieb: einen Ziegenbock! Wer einen Bock schießt, hat so viele Fehler gemacht, dass er mit dem Schandpreis einer männlichen Ziege vorlieb nehmen muss.

Warum lassen wir uns ungern durch den Kakao ziehen?

Weil man mit Nahrungsmitteln nicht spielt oder weil Kakao viel zu lecker ist, um darin zu baden oder weil er hässliche Flecken auf den Klamotten hinterlässt? Könnte man denken.

Wahr ist: Kakao ist kulinarisch immer eine süße Versuchung wert, sprachlich jedoch ist er ein kleines Miststück. Wo er in Redensarten auftaucht, wird es ungemütlich.

Wir ziehen durch den Kakao, wen wir veralbern und veräppeln und wem wir lästerliche Streiche spielen. Der Kakao übernimmt die Funktion eines Hüllwortes: Wir sagen etwas, meinen aber etwas ganz anderes. Das kennen wir aus der Sprachgeschichte zur Genüge.

Was hinter dem Wortbild steckt, erschließt sich mit einem Blick auf die fröhliche Farbe des Kakaos. Er sieht genau so aus wie – richtig! Die Wendung entstammt der Soldatensprache Anfang des 20. Jahrhunderts.

Ihr zugrunde liegt die unangenehme Erfahrung, durch Matsch und Modder robben zu müssen. Die stinkende Steigerung wären Kot und Kacke; und genau das ist auch gemeint. Um aber die Gossenwörter zu meiden, kam der Kakao zu Ehren.

Ein literarisches Denkmal setzte Erich Kästner der Redewendung 1931. Doppelbödig schrieb er: *Was auch immer geschieht: Nie dürft ihr so tief sinken, von dem Kakao, durch den man euch zieht, auch noch zu trinken!*

Wer schreibt sich etwas auf die Fahne?

Politiker tun es gern, wenn sie einen auf dicke Hose machen wollen, ihre Anhänger beeindrucken möchten und wahnsinnig wichtig zu klingen gedenken. Dann schreiben sie sich den Kampf für die gute Sache auf die Fahne! Selbst wenn der Kampf nur ein Scharmützelchen und die gute bloß eine zweifelhafte Sache ist, völlig egal: Die Fahnenschreiberei hört sich erst einmal wahnsinnig beeindruckend an!

Fahnen geistern sprichwörtlich allenthalben durch unsere Zahngehege. Wer besoffen ist, *hat eine Fahne;* wer zur Armee muss, *geht zur Fahne;* und wer desertiert, *geht von der Fahne.* Letzteres funktioniert übrigens auch in der Ehe: Wer dem Gemahl *von der Fahne geht,* sucht sich etwas Hübsches, Neues, Frisches. Und wer sich etwas *auf die Fahne schreibt,* kämpft dafür, dass *das Ende der Fahnenstange* noch lange nicht erreicht ist.

Der Fahnenschreiberling setzt sich also für eine ihm wichtige Sache mit aller Kraft ein. Der Ursprung der Wendung hat mit Tinte und Schreibfeder allerdings nichts zu tun, sondern mit Nadel und Faden.

Vorzeiten, und wir bewegen uns hart auf das Mittelalter zu, da waren in die Fahnen, mit denen wir in den Krieg zogen, Wappen und Inschriften eingestickt, um allen zu zeigen: *Seht her, für welche Seite und Sache ich kämpfe! Ich habe es mir auf meine Fahne geschrieben!*

Wann sind wir blank?

Wenn wir den letzten Euro durchgebracht und den allerletzten Cent auf den Kopf gehauen haben, sind wir pleite und bankrott oder einfach blank.
Es ist ein vergleichsweise unangenehmes Gefühl, das wir mit diesem wunderbaren Wort belegen. Das althochdeutsche blank ist mit blinken und blenden verwandt, mit glänzend und gleißend. Ursprünglich bedeutete blank nur strahlend weiß.
Es ist eines jener nicht so häufigen Wörter, die wir ins romanische Ausland exportierten. Franzosen übernahmen es als *blanc* etwa für ihren Berg Mont Blanc und Italiener als *bianco* für ihren süffigen *vino bianco*.
Wir benutzten es vor allem für Waffen. Dolche, Säbel und Jagdmesser: All das sind Blankwaffen, die gefährlich in der Sonne blinken, wenn sie aus ihrem Futteral herausgeholt oder eben *blankgezogen* werden.
Dieses hervorziehen aus schützender Hülle bescherte uns auch eine leicht zweifelhafte Nebenbedeutung im Sinne des Entblößens fortpflanzungsrelevanter Körperpartien, wenn wir, nun ja: blankziehen!
Dieses Freisein von jeglicher Hülle, von allem, was die Blankheit irgendwie stört, schimmert noch in etlichen Wortverbindungen durch: blanker Himmel, blankes Eis, auch blankes Entsetzen und blanke Angst, sowie eben auch blank sein, also genaugenommen: entblößt von jeglichem Geld.

Was ist ein Pyrrhussieg?

Dieser Sieg macht höchstens dem Verlierer eines Kampfes Freude. Klingt seltsam, ist aber für den Pyrrhussieger bittere Wahrheit. Er hat einen Sieg errungen, den er zu teuer erkaufen musste. Am Ende bleiben ihm Trübsal und Verdruss.
Pyrrussiege gibt es in der Politik, im Sport und vor Gericht allenthalben. Ich gewinne haushoch einen Wettlauf, aber um den Preis meiner Gesundheit. Ich brilliere klugscheißernd in einer Diskussion, verliere aber, weil ich ihn um meines eigenen Ansehens willen bloßstelle, dabei den besten Freund.
König Pyrrhus von Épirus war ein griechischer Feldherr, der lange vor der Zeitenwende im süditalienischen Apulien zugange war, mit 25.000 Soldaten und 20 Elefanten.
Die Römer, die solch rüsseltragende Kampfmaschinen bis dato nicht kannten, waren so irritiert, dass sie eine Schlacht nach der anderen gegen Pyrrhus verloren. Doch die Römer holten immer wieder Nachschub. Pyrrhus' Meute dagegen wurde von Kampf zu Kampf immer kleiner und elender, und nach der legendären Schlacht von Asculum 279 vor Christus, soll er verzweifelt gerufen haben: *Noch so ein Sieg, und wir sind verloren!*
So kam es dann auch! Am Ende musste Pyrrhus, der Sieger, bei den besiegten Römern um Frieden betteln. Der Pyrrhussieg: bei Lichte betrachtet nur Schmach und fürchterliche Niederlage.

Warum ist die Rübenernte eine Kampagne?

Der Bauer an sich zählt zur Familie landbewohnener Säugetiere. Er ist genügsam, mit ausgeprägtem Sinn für Fleiß und Ordnung. Böse Zungen sagen zwar: *Die dümmsten Bauern ernten die dicksten Kartoffeln!* Doch wer solch Wort im Munde führt, kann anderer Dinge im Munde schnell verlustig gehen, etwa seiner Zähne, denn reizt man ihn zu sehr, wird der Bauer zum Berserker.

Schon zu Luthers Zeit zog er mit Hacke und Forke in den Bauernkrieg, und kriegerisch ist manch Bauernarbeit geblieben. So bringt er die Rübe auf einem wahren Feldzug vom Felde.

Deshalb heißt die Rübenernte Kampagne. Wir entlehnten den Ausdruck dem Französischen Kriegswesen, er bedeutet *Feldzug* und wird seit dem 17. Jahrhundert in diesem Sinne auch in Deutschland verwendet.

Die Bauern wiederum entlehnten die Kampagne für Arbeiten, die strategisch durchgeplant werden müssen, wo es darauf ankommt, dass es auf dem Weg vom Feld über die Fabrik bis zum fertigen Saft- oder Zuckerprodukt keinerlei Stillstandszeiten gibt.

Derweil sorgen die Rübenlaster auf den Straßen für Ungemach, weil sie oft langsam sind. Einige fahren deshalb mit einem hübschen Spruch Reklame; da darf der genervte Autofahrer etwa dieses lesen: *Solange man Zuckerrüben noch nicht per E-Mail verschicken kann, müssen wir uns die Straße leider teilen.* Touché!

Wer oder was ist eine Dreckschleuder?

Unter diesem anrüchigen Begriff verstehen viele manches, und meist verbittet man sich den Vorwurf, selber mit derlei Verpestungsanlagen in Verbindung gebracht zu werden.
Gleichwohl, wir dürfen straflos alte Dieselwagen als Dreckschleudern bezeichnen, auch in die Jahre gekommene Kohlekraftwerke und Kreuzfahrtschiffe gelten als solche.
Darüber hinaus, und das ist eine liebreizende ost- und mitteldeutsche Besonderheit, bezeichnen wir seit dem 15. Jahrhundert, vorzugsweise in Thüringen, Sachsen und Schlesien, meist Frauen als Dreckschleudern – vorausgesetzt, deren Mundwerk läuft, Übles schwadronierend, ausgekoppelt neben ihnen her!
Wer über andere herzieht, keifert und sich übellaunig ereifert, wird zur Dreckschleuder, die ihr Gegenüber mit Schimpf und Schande wie mit Mist und Dreck bewirft.
Zurück zur echten Schleuder: Kinder machten sich vorzeiten, als sie noch nicht hyper-hygienisiert aufwachsen mussten, beim Spielen in Matsch und Modder eigene kleine Schleudern, mit Löffeln, von denen sie Schiet und Dreck durch die Gegend warfen.
Der Löffel als Miniaturkatapult war die nachgeahmte Kindervariante der echten, kriegerischen Dreckschleuder, mit der wir im Mittelalter bei Belagerungen unsere Feinde mit Erde, Schlamm und Kot bewarfen.

Was lassen wir Revue passieren?

Es ist egal, ob es uns negativ oder positiv berührte, es ist nur wichtig, dass es uns beeindruckt hat, dann lassen wir ein Ereignis immer wieder Revue passieren. Wir denken daran, rufen es uns in Erinnerung und lassen es vor unserem geistigen Auge erneut vorüberziehen. Was wir hörten, sahen, schmeckten, was wir taten oder unterließen: Wir lassen es Revue passieren, in diesem Sinne schon seit dem 18. Jahrhundert.

Vom französischen *revoir* für wiedersehen, heißt Revue so viel wie Durchsicht oder Rückblick und Rundschau. Ursprünglich ist damit die militärische Musterung, auch die Militärparade gemeint. *Passer les troupes en revue,* das bedeutet: die Truppen mustern, die Truppen überprüfen oder paradieren lassen.

Später hießen oft literarische oder wissenschaftliche Zeitschriften Revue, wenn sie nicht den deutschen Titel Rundschau trugen. Auch die Revue auf der Bühne speist sich aus dem Rückblick-und-Rundschau-Gedanken. Dazu schrieb ein Lexikon vor reichlich hundert Jahren:

Im Theaterwesen nennt man „Revuen" Bühnenstücke, die zu Anfang eines jeden Jahres aufgeführt werden und in lose zusammenhängenden Bildern einen Rückblick auf die Hauptereignisse des verflossenen Jahres werfen (meist Ausstattungsstücke und Gesangspossen).

Tja, und diese Informationen lassen Sie jetzt mal schön Revue passieren!

Wer hat sturmfreie Bude?

Na jedenfalls der Glückpilz! Wir kennen das aus Jugendjahren! Ist die Katze aus dem Haus, tanzen die Mäuse auf dem Tisch. Sind die Eltern nicht da, hat pubertierender und rebellierender Nachwuchs freie Bahn für frohe Stunden. Er zecht ohne Zaudern und begeht manch amouröse Missetat, doch sei es drum: Die Bude ist sturmfrei, so sehr *in ihr* die Stürme toben mögen.

Es ist ein Bild aus dem Kriegswesen. Eine Burg besaß vorzeiten Sturmfreiheit, wenn sie als uneinnehmbar galt. Das bedeutet, sie war sicher, also frei, vor jeglicher Gefahr militärischen Sturms, sie konnte nicht erstürmt werden.

Spätestens Mitte des 19. Jahrhunderts kam dann die sturmfreie Bude bei Studenten in Rede. Zunächst, wie ein zeitgenössisches Lexikon schreibt, bedeutete die Bude *die Freiheit vor dem Ansturm der Gläubiger, gewährleistete dann aber überhaupt vollkommene Freiheit, vor allem für weiblichen Besuch.*

So sind wir endlich dort angekommen, wo wir heute noch stehen, wenn wir von sturmfreier Bude sprechen, jenem Domizil, das von Eltern und Geschwistern, Vermietern und Gläubigern nicht gestürmt werden kann. Ein Studentenspruch von etwa 1900 bringt es auf den Punkt: *Je sturmfreier die Bude heißt, desto stürmischer geht's auf ihr zu, zumeist!*

Viel Feind, viel Ehr'?

Natürlich! Welch erfolgreicher Hallodri wollte das bestreiten? Es ist einer jener selten doofen Sprüche aus der Phrasendreschmaschine, die seit Jahrhunderten nicht totzukriegen sind.

Viel Feind, viel Ehr'! Das sagt der erfolgreiche Emporkömmling mit stolzgeschwellter Brust, wenn er merkt, wie viele Neider sich um ihn versammeln. Dabei ist der Erfolgling ein genauso großer Depp wie der Neidhammel selbst, denn was am Beneidetwerden ehrenhaft sein soll, müssten erst noch die netten Herren in den weißen Kitteln abschließend ergründen. Wer stolz darauf ist, beneidet zu werden, sollte sich eher bemitleiden lassen.

Der Spruch stammt wieder direkt aus dem Kriegswesen. Ein gewisser Georg von Frundsberg prägte ihn um 1500. Frundsberg gilt als Vater der Landsknechte. Er kämpfte sehr erfolgreich mal in diesem, mal in jenem Krieg, schrieb auch Bücher über Kampftaktiken und Kriegsführung und fasste zusammen, worauf es seiner Zeit ankam: Wer erfolgreich gegen viele Feinde kämpft, ist ein Held, und allerhöchste Anerkennung ist ihm gewiss, also: Viel Feind, viel Ehr'!

Doch kurz vor seinem Tod wurde er zu einem erklärten Kriegsgegner. Zitat: *Drei Dinge sollten jedermann vom Krieg abschrecken: Die Unterdrückung der armen, unschuldigen Leute, das sträfliche Leben der Kriegsknechte und die Undankbarkeit der Fürsten.*

Warum schlagen wir Bücher auf?

Wir schlagen sie auf, weil wir etwas lernen sollen oder uns mit anrüchigen Geschichten unterhalten möchten. Gründe für das Buchaufschlagen gibt es viele, aber warum so martialisch? Weshalb klappen oder blättern wir es nicht auf, warum müssen wir auf das arme Druckprodukt erstmal losprügeln und es auf*schlagen*?

Ganz einfach, weil wir Bücher einstmals wirklich aufschlagen mussten, bevor wir sie lesen konnten! Wir unternehmen eine Reise ins 15. Jahrhundert. Besonders Bibeln waren seinerzeit sehr dick, nicht nur wegen der fürchterlich vielen Seiten, sondern weil das Papier sehr dick war.

Damit die Seiten nicht auseinander fledderten, bekamen die Bücher strapazierfähige Lederrücken und dazu stabile Buchdeckel aus Holz. So weit, so haltbar. Aber die Seiten quollen gerne auf, weil sich Kaminruß dazwischensetzte, Feuchtigkeit hineinstahl und kleine, kühne Krabbelkäfer zwischen den muggeligen Seiten ein warmes Zuhause suchten.

Um die Bücher geschlossen und in Form zu behalten, brachte man an den Seiten eiserne Klammern an; die saßen aber oft so unter Spannung, dass das Buch aufgeschlagen wurde, um es aufzubekommen: Mit der Faust *rums!* auf den Deckel, die Klammern sprangen auf, und im Buch konnte nach Herzenslust geblättert und gelesen werden, aber eben erst, nachdem es im wahren Wortsinn aufgeschlagen worden war.

Was ist eine alte Vettel?

O Sprecher, lass Vorsicht walten, hüte deine Zunge! Denn du wandelst auf sprachlich vermintem Gelände, und ständig kommen neue Minen hinzu, die dich hochgehen lassen, wenn du despektierliche Rede führst.

Die alte Vettel ist heute nur noch am Stammtisch zu gebrauchen und in Runden vertrauter Freunde. Öffentlich dagegen solltest du sie nicht mehr in den Mund nehmen, nichts von ihr, und ihren Namen schon gar nicht!

Dabei ist letzterer uralt, genau wie die Vettel selbst. Das Wort hat ja nichts mit fett und feist zu tun, sondern stammt vom lateinischen *vetula,* das bedeutet alt.

Die Vettel war ursprünglich nur irgendeine alte Frau. Aber schon im 15. Jahrhundert wandelte sie sich leicht ins Negative. Fortan wimmelte es bei Literaten und Märchenerzählern vor furchterregenden Vetteln. Sie wurden zum Synonym für Hexen, Schabracken und Spinatwachteln aller Art.

Es ist auch die Rede von Vetteln, deren Stimmen so scharf sind, dass man ein Stück Brot damit abschneiden könnte. Vetteln waren auch oft etwas unreinlich und vor allem unzüchtig, also ehebrecherisch und leicht zu haben, nebst runzelig, buckelig und zottelig – das ganze Programm!

Ein junges, unverdorbenes, liebreizendes Ding war jedenfalls keine Vettel. Wie gesagt: war! Heute gibt es ja keine Vetteln mehr, nur noch Damen und dergleichen liebreizendes Zeugs…

Was ist eine Xantippe?

Dünnes Eis! Wir verlassen den Boden moderner Frauenversteherei und wenden uns traditionellem Rollenverständnis zu: Der Mann verdient das Geld, macht Politik und sonstigen Unsinn in der Öffentlichkeit; die Frau schmeißt den Haushalt, kümmert sich um die Kinder und spielt die liebevolle oder im besten Falle liebestolle Ehefrau.
Anderenfalls haben wir es mit einer Xantippe zu tun. Das ist das Urbild des zänkischen Weibes, der Inbegriff des Hausdrachens: übellaunig, streitsüchtig, giftig!
Die Original-Xantippe lebte vor knapp zweieinhalbtausend Jahren in Griechenland. Sie war die unausstehliche Gemahlin des allseits beliebten und geschätzten Philosophen Sokrates, der jedenfalls solange beliebt und geschätzt ward, bis er hingerichtet wurde.
Die Anekdoten über Xantippe als Terrortussi sind Legion. Sie war eifersüchtig wie eine Furie, mit Haaren auf den Zähnen. Einmal soll sie ihrem zu spät heimkehrenden Ehemann nach keifender Schimpftirade einen Kübel Wischwasser über den Kopf gekippt haben. Und da war sie noch gut drauf
Ob Sokrates seinerseits der perfekte Ehemann war, wissen wir nicht. Dichter aller Jahrhunderte haben sich stets an seinem Hausdrachen abgearbeitet. Und wie hat sie ausgesehen, die Xantippe des Sokrates? Naja, *xanthos* heißt blond und *hippos* ist das Pferd. Noch Fragen?

Was bedeutet Non plus Ultra?

Wenn wir etwas oder jemandem dieses Gütesiegel verpassen, sind wir über alle Maßen begeistert und meinen, es könne nichts und niemanden geben, der mit dem so Belobhudelten nur annähernd vergleichbar wäre.

Non plus Ultra ist das Maß aller Dinge, der beste, schönste, größte, und das herrlichste der Welt. Der beste Golfschläger, der schönste Wagen, der größte Poet und das herrlichste Genusserleben.

Wir kennen die Phrase seit zweieinhalb Jahrtausenden, und die Griechen haben sie geprägt. Ihr Ursprung liegt im Nebel der Geschichte, an den windumzausten, gischtumspülten Felswänden der Meerenge von Gibraltar. Hier, wo das Mittelmeer endet und der Atlantische Ozean beginnt, war für die Alten Reiche auch die bekannte Welt zu Ende.

Zwei Berge begrenzen den Durchgang ins Unbekannte wie ein gigantisches Tor, der Felsen von Gibraltar im Norden und der Mosesberg von Marokko im Süden.

Genau hier soll der Heros Herakles die Inschrift in Stein gemeißelt haben: *Non plus Ultra!,* zu deutsch: Nicht mehr weiter! Nicht hierüber hinaus! Das war kein Gütesiegel, sondern das war eine Warnung: *Mensch, der du es bis hierher geschafft hast, halte ein, an dieser Stelle enden alle Abenteuer, denn dies ist das Ende der Welt! Wahnwitziger, versuche nicht, noch weiter zu segeln! Non plus Ultra!*

Wann sagen wir Nomen est Omen?

Faustregel: Wenn wir klugschwätzend angeben und unserem Gegenüber mitteilen wollen, dass wir zumindest rudimentär noch bildungsbürgerlich unterwegs sind, dürfen wir den angestaubten Spruch gern verwenden.

Nomen est Omen heißt übersetzt: Der Name ist ein Zeichen, er hat eine Vorbedeutung, oder schlicht: Der Name ist Programm!

Oft brechen wir das ironisch. Wenn etwa Bernd Bäcker eine Bäckerei aufmacht, sagen wir grinsend: Nomen est Omen! Oder wenn ein Fräulein Schiele Augenärztin werden will. Oder ein Stefan Schlachter… die Liste ließe sich endlos fortsetzen.

In Literatur und Religion begegnen uns Namen, denen dieser Zauber der Prophezeiung innewohnt, allenthalben. Beispiele: In der Bibel, Apostel Petrus, der als Fels der Kirche gilt; Petros heißt auf griechisch genau das: Fels. Oder bei Harry Potter, der böse Voldemort, aus dem französischen, heißt Dieb des Todes. Oder im Dschungelbuch, Bagheera und Baloo, das sind indische Begriffe, die nichts weiter als Panther und Bär bedeuten.

Zu verdanken haben wir Nomen est Omen dem römischen Dichter Plautus und seinem um 200 vor Christus erschienenen Werk *Der Perser*. Ein Diener empfiehlt darin seinem Herrn, eine bestimmte Sklavin zu kaufen. Ihr Name: Lucris, zu deutsch: Gewinn. Die lukrative Lucris soll also Umsatz bringen, klar, denn Nomen est Omen!

Wogegen ist kein Kraut gewachsen?

Die Redewendung mit dem Kraut ist ein Spruch, der uns in schauerliche Gefilde führt, wo Dummheit und Mangel regieren, Unvernunft und Unvermögen.

Gegen Doofheit ist kein Kraut gewachsen, sagen wir, und keine einzige unserer kleinen, grauen Hirnzellen fragt sich verbiestert, wie wohl auch ein x-beliebiges Gartenkräutlein den Toren in einen Schlauberger wandeln sollte!

Doch eben darum geht es ja: das Unmögliche zu beschreiben. Wir verbinden das nie gewachsene Kraut seit Jahrhunderten mit der Bräsigkeit besonders dämlicher Torfköppe.

Darunter halb verborgen liegt eine Äonen alte Weisheit der Völker, die besagt, dass die Natur normalerweise gegen jedes Leid, das unseren Körper befällt, auch ein Kraut wachsen lässt, ein Heilkraut. Nur im Katastrophenfall, wenn ein Fehler durch nichts mehr zu beheben ist, dürfen wir sagen: Dagegen ist kein Kraut mehr gewachsen!

Ursprünglich meinten wir aber Schlimmeres als die Dummheit, nämlich die tödliche Krankheit und den Sensenmann selbst. Die alten Lateiner sagten: *Contra vim mortis non est medicamen in hortis,* also: Gegen den Tod ist kein Kraut gewachsen. Und gegen ein weiteres Leiden auch nicht: Um Christi Geburt schrieb Ovid in seinen Metamorphosen: *Nullis amor est sanabilis herbis!* – Die Liebe ist durch kein Kraut heilbar. Gott sei Dank!

Ausnahmen bestätigen die Regel?

Nein, natürlich nicht! Eine Ausnahme ist eine Ausnahme, und als solche widerspricht sie der Regel, sonst wäre sie keine Ausnahme! Sie bestätigt die Regel nicht, sondern unterläuft sie.

Wir verwenden den bescheuerten Satz meist dann, wenn wir komplett daneben liegen, aber nicht zugeben wollen, dass wir unrecht haben. Kostprobe: *In rosa Bettwäsche schläft es sich am besten! – Ach, Sie haben unter dem rosa Zeug kein Auge zugemacht? Naja, Ausnahmen bestätigen die Regel!*

Wir benutzen das Sprichwort als Totschlagsargument, wenn wir nicht mehr weiter wissen, zum Diskutieren keinen Bock haben oder uns schlicht die Erklärungen ausgehen. All zu Widersprüchliches bügeln wir mit der Formel ab: Ausnahmen bestätigen die Regel! Nachfrage sinnlos, fertig, aus!

Das Original kennen wir seit gut zweitausend Jahren. Cicero verwendet es in einer Verteidigungsrede für einen römischen Konsul. Er sagt: *Die Ausnahme bestätigt die Regel in den nicht ausgenommenen Fällen.* Das bedeutet: Wenn eine Handlung nur ausnahmsweise als illegal eingestuft wird, bedeutet das im Umkehrschluss, dass sie im Regelfall legal sein muss.

Von so pfiffiger Rhetorik sind wir mit unserem landläufigen Ausnahmen-bestätigen-die-Regel-Geschwätz natürlich Lichtjahre entfernt... meistens jedenfalls, denn Sie wissen ja: Ausnahmen bestätigen die Regel!

Wess' Brot ich ess', dess' Lied ich sing?

Klar! Wer beißt schon die Hand, die ihn füttert? Das muss ein sehr robuster Charakter sein, der eine andere Melodie anstimmt, als sein Brötchengeber hören will.

Die wissenschaftliche Studie über gesundheitliche Vorzüge des Butterbrotes im Auftrag der Bäckerinnung? Geschenkt! Das öffentliche Statement des Angestellten über die Machenschaften seiner Firma? Die Rede des Politikers über ein Unternehmen, bei dem er selbst im Aufsichtsrat sitzt? Das Lob des Künstlers über die Wohltaten seines Auftraggebers? Wess' Brot ich ess, dess' Lied ich sing!

Wer den ihm angeborenen oder anerzogenen Opportunismus über Bord wirft und eine andere als die erwartete oder bestellte Melodie pfeift, muss sich meist einen neuen Dienstherren suchen, denn er gilt, je nach Umstand und Branche, als Ketzer und Petzer, Verräter, Störenfried und Denunziant.

Wir kennen den Spruch in fast allen Sprachen Europas. Ein lateinischer Beleg findet sich schon im Jahre 1022, und auf deutsch im Hochmittelalter bei dem Liedermacher Michel Beheim. Zwischen 1450 und 1470 stand er in Diensten unterschiedlicher, teils verfeindeter Herren, für die er jeweils seine schmeichlerischen Balladen schrieb. Er selbst sagte dann über die Wahrhaftigkeit seiner Arbeit eines Tages dies: *Der Fürst mich hat in Knechtes Miet, ich aß sein Brot und sang sein Lied.*

Wer zuletzt lacht, lacht am besten?

Da haben wir mal eine der wenigen deutschen Volksweisheiten zu fassen, die sich mit dem Lachen befassen. Der Durchschnittsgermane hat es ja nicht so mit dem Humor, wird ihm jedenfalls nachgesagt. Und tatsächlich, wenn wir unsere Redewendungen nach Witz und Heiterkeit durchsuchen, werden die Fundstücke recht übersichtlich.

Ausnahmsweise ganz positiv ist der Spruch gemeint: *Lachen ist die beste Medizin!* Doch schon, wenn jemand *zum Lachen in den Keller geht,* ist ihm jegliches Schmunzeln vergangen, bei ihm ist *Schluss mit lustig,* zum *Totlachen* ist ihm gar nicht, denn er kennt darüber hinaus den schönen Chefspruch: *Wer lacht, hat noch Reserven!*

Auch in unserer Wendung: *Wer zuletzt lacht, lacht am besten!* steckt kein fröhlicher Muntermacher, sondern eine hinterhältige Drohung! Nach dem Motto: Freundchen, warte auf das Ende der Geschichte, da erst wird sich zeigen, wer der wahre Gewinner ist!

Im Deutschen begegnet uns das Sprichwort wohl zuerst bei Goethe. Er übersetzt eine Stelle in Diderots philosophischem Dialog *Rameaus Neffe* so: *Lasst mich das Unglück noch vierzig Jahre genießen. Der lacht wohl, der zuletzt lacht.*

Gedanklich liegt dem Spruch aber ein Satz von Jesus aus der Bibel zugrunde, er sagt ihn mehrfach: *Die Letzten werden die Ersten sein!*

Ist Reden immer Silber und Schweigen Gold?

Der Volksmund behauptet es, und oft trifft es zu. Wenn einer zu viel zu abgestandenes Sabbelwasser getrunken hat und seine Zuhörer über Gebühr mit langatmigem Gelaber nervt, mag man den Spruch schnell auf der Zunge haben.
Der Dampfplauderer ist der rechte Adressat für den eingängigen Gold-und-Silber-Vergleich. Wo das Mundwerk ausgekoppelt nebenherläuft, ist die Redewendung wohl angebracht.
Jedoch, es gibt auch Fälle, da darf das Schweigen kritisch befragt werden. Bei Gewalt und Ungerechtigkeit nichts zu sagen, den Mund nicht aufzumachen, hat dann eher etwas mit Angst oder geistiger Faulheit zu tun, denn mit nobler Schweigegeste.
Der Gedanke an sich, dass aber meist auf den Verschwiegenen mehr Verlass sei, als auf die Plapper-Else, ist uralt und stammt wohl aus dem Vorderen Orient. Erste Spuren finden sich im jüdischen Talmud, doch erst 1792 übersetzte Johann Gottfried Herder den Satz ins Deutsche. Er schrieb: *Lerne schweigen, o Freund! Dem Silber gleicht die Rede, aber zu rechter Zeit Schweigen ist lauteres Gold!*
In Windeseile nahm sich der Volksmund der prägnanten Weisheit an und verbreitete ihn, in seiner Kurzform, wie wir ihn bis heute kennen: *Reden ist Silber, Schweigen ist Gold!*

Handwerk, Jagd und Landwirtschaft

Wem kommen wir auf die Schliche?

Wer etwas zu verbergen hat, muss immer damit rechnen, dass ihm einer auf die Schliche kommt. Einer, der ermittelt, entdeckt und erkennt, was unter dem Mantel der Heimlichkeit verborgen bleiben sollte.

So kommen wir dem Gangster mit dem Schwarzgeldkonto genauso auf die Schliche wie der nur angeblich braven Gattin, die sich neben dem greisen Gatten noch einen knackigen Liebhaber hält.

Schliche sind Schattenwege, die immer etwas Heimliches und Mysteriöses, Gewundenes und halb Verborgenes an sich haben. Wir kennen den Schlich aus dem mittelhochdeutschen, ein Verb ursprünglich, nur eine andere Form von schleichen. Damit konnte der Weg des Wassers eines Flusses unter den Ästen einer Weide ebenso gemeint sein wie der gleitende, heimliche Gang eines Menschen bei Mondschein durch verbotenes Terrain.

Vor allem aber, und daher rührt die Redewendung, ist der Schlich der Weg, den sich das Wild im Walde bahnt. Der Jäger, der ihm nachspürt, kommt ihm, wenn er es gefunden hat, auf die Schliche.

Seit etwa 1700 benutzen wir den Jägerausdruck auch im übertragenen Sinne, wenn wir die verborgenen Wege und Taten eines Menschen enttarnen, entlarven und durchschauen, ihnen eben auf die Schliche kommen.

Was geht in die Brüche?

Alles, was sich an menschlicher Beziehung denken lässt und heil ist, kann in die Brüche gehen. Die Ehe und das Seitensprunggetändel, das Vertrauen in eine Partei und der Glaube an Gott. Auch Träume gehen in die Brüche und Vorhaben, Pläne, Geschäftsmodelle.

Das Bild scheint klar: Was heil war, geht in Scherben, bricht. Doch das im Westgermanischen wurzelnde *bruki* für Bruch, das wir seit dem 9. Jahrhundert kennen, ist ein schillernder Begriff. Brüche kennen wir allenthalben: von der mathematischen Bruchrechnung bis zum juristischen Rechtsbruch. Vom schmerzhaften Leistenbruch gar nicht zu reden.

Dass aber Beziehungen in die Brüche gehen, leitet sich von der Natur her. Wir kennen etwa den Oderbruch, das sind die nassen Niederungen, die wir dem Fluss durch Dämme abgerungen haben. Oder Erlenbrüche: morastig-schlüpfrige Wälder. Wer sich dort hinein verirrt, kommt oft nicht mehr heraus, versinkt im Sumpf.

Auch das Wild ist in diesen Brüchen nicht mehr zu verfolgen, weil der Verfolger im Morast nicht mehr folgen kann; das Wild ist buchstäblich in die Brüche gegangen, für den Jäger verloren, verschluckt, verschwunden. Aus dieser Betrachtung entwickelte sich unsere Redewendung, es gehe etwas in die Brüche, etwa um das Jahr 1700.

Was ist ein Flegel?

Wer einen rüpelhaften Halbstarken sieht, der weiß, was ein Flegel ist. Mehr Bengel als Engel, benimmt sich der Flegel am liebsten daneben. Dem Betrachter des Flegels malt sich, anders als bei Lausbub und Frechdachs, auch kein Grinsen mehr ins Gesicht. Denn während die Missetaten des Frechdachses noch schlingel-schelmen-schlau sind, ist der Flegel schon ein echter Galgenstrick, ein grober Klotz, ein ungehobelter Kerl; ein junger meist, das spiegelt sich in der Rede von den Flegeljahren wider, jener wilden, halbreifen Zeit der Pubertät, die aus einem freundlichen Jungen einen fürchterlichen Flegel machen kann.

Die Flegeljahre nennen wir seit dem 18. Jahrhundert so. Den Flegel aber kennen wir schon viel länger. Vor über tausend Jahren importierten wir das lateinische *flagellum* für Geißel oder Peitsche ins Deutsche und meinten zunächst nur den Dreschflegel, ein an einem Stiel angetüdertes, bewegliches Stück kräftigen Holzes, mit dem der Bauer aus seinen Getreideähren die Körner herausprügelte.

Versnobte Herrschaften im 16. Jahrhundert nahmen dieses Bild vom Bauern mit dem Flegel als Vorlage, um vom Bauernflegel oder nur noch Flegel zu sprechen, wenn sie einen sehr dummen oder groben, meist armen, auf jeden Fall bäuerisch wirkenden Menschen vor sich hatten.

Wer hängt den Brotkorb höher?

Ein Schuft ist es, der solches tut; ein Schuft, der Not und Armut heißt! Wem der Brotkorb höher gehängt wird, der muss auch den Gürtel enger schnallen. Schmalhans ist sein Küchenmeister.

Wir kennen den Spruch spätestens seit etwa 1500. Wir befinden uns in den Küchen unserer Altvorderen. Sie brieten, buken und sotten über offenem Feuer, und nicht selten huschten Mäuse über den festgetretenen Lehmfußboden.

Um den nagenden Plagegeistern das Leben zu erschweren, wurden Schinken, Pökelfleisch und Räucherwürste unter die Decke gehängt, wo keine Maus sie je erreichen konnte. Auch das Brot musste in Sicherheit gebracht werden, in einem Korb, der von der Decke hing. Aber es musste nicht nur vor Mäusen in Sicherheit gebracht werden, sondern auch vor all zu hungrigen Menschenmäulern.

In Zeiten der Not hing der Korb so hoch, dass vor allem die Kinder nicht mehr herankamen und sich heimlich etwas stibitzen konnten. Die Körbe wurden übrigens auch dann höher gehängt, wenn die liebe, lütte und meist recht reichliche Kinderschar zu aufmüpfig wurde – zur Strafe.

Der aufgehängte Brotkorb ist im Laufe der Zeit aus unseren Häusern verschwunden; die Redewendung hat sich aber bis auf unsere Tage erhalten.

Wann sagen wir, dass wir ausspannen?

Wenn wir fix und fertig sind und uns nach Urlaub sehnen, sagen wir, dass wir ausspannen möchten. Wir meinen damit, dass wir uns erholen und neu zu Kräften kommen wollen. Wir können aber auch dem Freund den Partner abspenstig machen oder dem Kumpel die Freundin mopsen, also ausspannen.

Beide Varianten gehen auf ein und dieselbe Erfahrung unserer Ahnen zurück. Wir befinden uns auf alten Handelsstraßen. Berittene Boten, Fuhrwerke und Kutschen bildeten den Verkehr, und wo wir fürs Auto an die Tankstelle fahren, befand sich damals der Ausspann oder Utspann.

Das waren Gastwirtschaften mit breiter Kutschdurchfahrt in der Mitte des Hauses. Da konnten die Pferde gefüttert und gewechselt werden; zur Nacht wurden sie ausgespannt und in den Stall gebracht.

Dieser Erholungsfaktor nach dem Ausspannen der Pferde haftet dem Begriff bis heute an; als Synonym fürs Ausruhen benutzen wir das Wort so seit dem 18. Jahrhundert.

Das andere Ausspannen des Freundes oder der Frau, was auch im Bild der vom Wagen weggeführten Pferde steckt, verwenden wir sogar noch länger, seit etwa 1500. Nur der ursprüngliche Sinn ist uns mit der Zeit abhanden gekommen. Gelegentlich weist noch der alte Name Utspann bei einem Haus auf dessen einstige Bedeutung hin.

Wer bekommt Oberwasser?

Wenn jemand plietsch und pfiffig durchs Leben treibt und es schafft, stets seinen Vorteil auszuspielen, bekommt er damit stets und ständig Oberwasser. Im Spiel wie in der Liebe ist das Oberwasser das beste von allen und nicht zu vergleichen mit jenem Schlechtwasser, das einem bis zum Halse steht!
Nein, auf dieses Wasser freuen wir uns! Wer Oberwasser hat, bekommt und behält das Heft des Handelns in der Hand.
Und wem verdanken wir das Vorteilswasser? Altem Mühlenwesen! *Es klappert die Mühle am rauschenden Bach, klipp, klapp!* Aber die Klappermühle klappert nur deshalb so schön, weil sie Oberwasser bekommt.
Der Mühlbach, dem die Wassermühle ihren Betrieb verdankt, wurde oft oberhalb der Mühle leicht gestaut. Das überfließende Wasser versorgte das Mühlrad von oben mit dem feuchten Antriebsmaterial, und dieses Oberwasser, vor allem wenn es noch eine gewisse Fallhöhe hat, ist viel kraftvoller, als wenn das Mühlrad nur von unten durch das ursprünglich fließende Bachwasser versorgt und angetrieben wird.
So wurde das Oberwasser zum Synonym für jegliche Form einer sehr guten, vorteilhaften Lage. Sprichwörtlich und im übertragenen Sinn kennen wir das Oberwasser seit dem späten 18. Jahrhundert.

Den letzten beißen die Hunde?

Ja klar! Wer zu spät kommt, den bestraft das Leben – oder der scharfe Hundezahn, wenn man das Wettrennen gegen den besten, wild gewordenen oder hungrigen Freund des Menschen mal wieder verloren hat.
Wir verstehen den Spruch meist im übertragenen Sinne; das Ergebnis ist dann zwar körperlich erträglicher, weil weniger schmerzhaft, wenn kein echter Hundezahn im Spiele ist, aber unangenehm bleibt es in jedem Fall: Den letzten beißen die Hunde!
Der Letzte ist der Schwächste, er hat das Nachsehen, geht leer aus, und jegliche Mühe war umsonst. Das letzte Stück Kuchen wird ihm vor der Nase weggeschnappt, den Supermarkt erreicht er erst, als der gerade schließt, und das launige Liebesabenteuer mit dem zu lange auserkorenen Objekt der Begierde kommt erst gar nicht zustande, weil ein anderer, besserer mal wieder schneller war.
Der hier einmal recht offensichtliche Ursprung der Volksweisheit liegt in der Jägerei begründet, der Treibjagd, um genau zu sein, mit einer Hundemeute. Das schwächste und langsamste, also letzte Stück Wild fällt den Verfolgern als erstes zum Opfer. Den letzten beißen dort im wahrsten Sinne des Wortes die Hunde.
Das Sprichwort taucht zum ersten Male wohl im Jahre 1605 in einer deutschen Sprüchesammlung auf.

Was hat einen Haken?

Ein Angebot, das viel zu schön ist, um wahr zu sein, ist es auch meist! Glatt gelogen! Es hat einen Haken, eine verborgene Bedingung, die dem, der das Angebot annimmt, stets zum Nachteil gereicht.

Schummel und Schwindel sind mit dem Haken verbunden. Hüte sich, wer kann! Doch was kann der arme Haken für schändlichen Betrug? Es gibt doch so viele, schöne und nützliche Exemplare, wie Kleiderhaken im Flur und Knethaken in der Küche.

Aber es gibt eben auch noch den Angelhaken. Und dieser für uns zwar sehr nützliche, für den Fisch jedoch recht tödliche Haken stand dem unangenehmen Hakensprüche Pate. Fische sind ja einerseits oft hungrig, andererseits aber nicht blind und blöd. Ließe ein Angler seinen Angelhaken einfach so durchs Wasser schwimmen, käme kein Fisch, der frisch im Kopf ist, auf die Idee, da anzubeißen. Windet sich jedoch ein leckerer Wurm um den Haken und verbirgt selbigen, dann beißt er zu. Die Gefahr konnte er nicht ahnen, den Haken an der schmackhaften Sache hat er zu spät bemerkt.

Vom Angelhaken inspiriert, übertrugen wir eine hakelige Angelegenheit auf vielerlei Situation. Wir kennen das Bildwort in seiner heutigen Bedeutung schon recht lange – spätestens seit dem Hochmittelalter vor 800 Jahren.

Was passiert Knall auf Fall?

Wir können die Redewendung leicht mit einer anderen übersetzen: Unverhofft kommt oft! Was auch immer recht schnell und vor allem unversehens, unerwartet auf uns zu kommt, das passiert Knall auf Fall.

Das kann genau so gut die Einladung zur Hochzeit wie der Brief vom Scheidungsanwalt sein. Der Arbeitsvertrag wie die Kündigung. Der Kuss auf den Mund wie der Schlag auf den Hintern.

Das Sprachbild stammt aus alter Jägersprache. Wir kennen es literarisch seit den 1660er Jahren. Damals wurde es noch im ursprünglichen Sinne und in der Originalform gebraucht: Da schießen Schützen das Wild im Wald so gut, so treffsicher und schnell, dass Knall *und* Fall eins ist, also Schuss und Sturz im selben Augenblick erfolgen. Hundert Jahre später bei Lessing ist die alte Form wohl noch vorhanden, aber auch schon ein übertragener Sinn erkennbar, wenn er schreibt, dass sich da Leute Knall *und* Fall aus dem Staube machten.

Doch dann verblasst das Wissen um die Herkunft des Bildes, und vor hundert Jahren wurde Knall *und* Fall zu Knall *auf* Fall ramponiert, was völlig widersinnig ist, denn das hieße ja, dass der Knall auf den Fall folgt und nicht umgekehrt.

Aber so ist die Sprache nun einmal; was sich durchsetzt, wird irgendwann richtig, und wenn es noch so dämlich ist. Knall *auf* Fall hat das alte Knall *und* Fall jedenfalls weitgehend verdrängt.

Unkraut vergeht nicht?

Aber ja! Bauern kennen das seit Menschengedenken. Und so weit wir zurückdenken können, sagen wir diesen bescheuerten Satz. Man frage nur einen halbkranken Workaholic, der so pflichtbewusst ist, dass er als Virenschleuder gern die halbe Mitarbeiterschar mit ansteckt, oder einen gerade vom Männerschnupfen genesenen Phrasendrescher: *Wie geht's?* Unweigerlich kommt zur Antwort: *Unkraut vergeht nicht!*
Wir können schon froh sein, dass der Satz heute so kurz ist und viele frühere, teils drastische Zusätze weggefallen sind. Der schönste findet sich im Schelmenroman *Simplicissimus* von 1668: *Unkraut vergeht nicht, es müßte schon ein Hund drauf pissen!*
Die frühesten Belege reichen bis ins 13. Jahrhundert zurück, und das Unkraut als allgemeines Sinnbild des bösen, nichtsnutzigen Menschen finden wir gar schon in der Bibel. Letztendlich haben wir das Bildwort aber bäurischer Beobachtung zu danken, dass Unkraut, was nicht ausgerissen wird, die ganze gute Saat drumrum überwuchern und verderben kann.
Interessanterweise gebrauchen wir den Unkrautsatz selten ernst gemeint, meist, schon von Anbeginn, sarkastisch oder selbstironisch, denn wir behaupten es eben oft von uns selbst: Unkraut vergeht nicht! Ganz im Sinne jener anderen Weisheit aus der Phrasendreschmaschine: Schlechten Menschen geht es immer gut!

Wunderliche Ausdrücke

Was verstehen wir unter einem Kopulationsregister?

Das lustige Wort, selbst wenn es nie zuvor gehört worden ist, verleiht der Phantasie Flügel. Riesenfittiche, auf denen unsere Gedanken eine wollüstige Welt durchfliegen, und die Frage keimt: Hat es das jemals gegeben, ein Register, in dem jemand tatsächlich Kopulationen aufgelistet hat, nachdem er sie beobachten und zählen durfte? Und wenn ja, wozu, um Himmels willen? Die totale Kontrolle selbst im Bett?

Wer so weit mit seinen Überlegungen gekommen ist, darf sich allerdings gern selbst bescheinigen, eine durchaus zweifelhafte Phantasie sein eigen nennen zu dürfen und über eine reiche Auswahl schmutziger Gedanken zu verfügen.

Die Kopulation stammt vom lateinischen *copulare* und heißt nichts anderes, als zusammenfügen.

So kopuliert der Gärtner etwa die besten seiner Gehölze, das heißt, er veredelt sie, indem er eine Sorte einer anderen aufpfropft und sie so zusammenfügt.

Dieses Zusammenfügen kennen wir auch bei Menschen, öffentlich, vor aller Augen und Ohren, zur Freude der zahlreich dazu eingeladenen Gäste: bei der Trauung! Drum hieß die Zeremonie, bei der sich Mann und Frau mit dem Eheversprechen zu einem Paar zusammenfügen ließen, früher Kopulation, und das Kopulationsregister war das Trauregister, in dem die Eheschließung dokumentiert wurde.

Was ist die Schnapsdrossel für ein Vieh?

O wilde Welt der schrägen Vögel! Der Drosseln gibt es viele. Sing- und Wacholderdrossel, Brillen- und Misteldrossel, Schwarz- und Spottdrossel und dann die wankende, stets schwankende Schnapsdrossel dazu. Alle anderen Drosseln benehmen sich vogelig-vorbildlich, allein die Schnapsdrossel benimmt sich daneben und wirft ein sprachlich schlechtes Licht auf ihre Drosselkollegen.

Dabei haben die einen mit der anderen gar nichts zu tun! Seit dem 19. Jahrhundert nennen wir den Trunkenbold eine Schnapsdrossel, vorzugsweise die weiblichen Exemplare des Pichelbruders, denn auch saufende Weibchen der Spezies Mensch haben, so dachten sich unsere Altvorderen, ein Recht, sprachlich in Erscheinung zu treten.

Allerdings hat die Schnapsdrossel wohl viel mit Korn und Köm zu tun, aber wenig mit einem Vogel. Die Drossel meint hier die Kehle. Jäger kennen den Ausdruck noch als Fachwort für die Luftröhre beim Schalenwild. In der Umgangssprache begegnet sie uns fast nur noch beim Verbrechen: Wir sagen, jemand wird erdrosselt, wenn er durch zudrükken der Luftröhre getötet wird.

Schnapsdrossel ist also übersetzt die Schnapskehle oder der Schnapsschlund, was deutlich zeigt, welchen Weg das geistvolle Getränk beständig nimmt.

Wer stellt sich ein Armutszeugnis aus?

Wer einen auf dicke Hose macht und damit baden geht, stellt sich selbst so ein zweifelhaftes Dokument aus. Ob Firma, Staat oder Privatperson, mit dem Armutszeugnis tritt jemand den ultimativen Beweis eigener Unfähigkeit an.
Gemeint sind immer Standardsituationen, also Dinge, die jemand eingedenk seiner Profession können oder leisten müsste. So ist die abgesackte Autobahn ein Armutszeugnis für die Autobahnbaufirma, der überfüllte, unpünktliche Zug eines für die Bahn und das kalte, missratene Essen ein Armutszeugnis für den Koch.
Wir kennen den Begriff seit dem 19. Jahrhundert, und so lange benutzen wir ihn auch schon in übertragener Form. Die Originalbedeutung ist uns derweil abhanden gekommen. Heute sprechen wir lieber verschwurbelt und euphemistisch von einem amtlichen Nachweis der Bedürftigkeit.
Ein Lexikon vor reichlich hundert Jahren schrieb, Zitat:
Das Armutszeugnis ist eine amtliche Bescheinigung, dass derjenige, für den das Zeugnis ausgestellt ist, oder seine Eltern nicht so viel Vermögen besitzen, als zur Durchführung eines gewissen Unternehmens erforderlich ist; so bei einer prozessierenden armen Partei, bei Studenten und Schülern behufs des Erlasses des Honorars für den Unterricht und dergleichen.
Das Armutszeugnis war also mal ein echtes Armutszeugnis!

Was ist Kokolores?

Wenn ein Schwachkopf Dummfug sabbelt und sein Freund, Hein Blöd, albernen Quark und sinnlosen Senf dazugibt, ist das alles Kokolores. Jeder Blödsinn, auch geschwätziges Gequatsche und protzende Prahlerei sind Kokolores. Wer sich so gebärdet, wird nicht ernst genommen und nervt meist nur, weil jeder merkt, dass der Aufschneider Schmarren erzählt. Sprachforscher streiten, wer den Kokolores erfand. Einige vermuten eine Nähe zum Gokeler, das ist der Gaukler, ein quietschbunt angeplünnter Schelm, wie Eulenspiegel einst, ein Harlekin, der die Menschen zum Narren hält.

Andere weisen auf eine interessante Nähe zu einem ebenso bunten, aufgeplusterten Nervling hin, der in der Kindersprache mancher Dialekte kukelures heißt, das ist der Gockel. Kokolores wäre dann das lautmalerische Nachäffen eines kikerikienden Gockelhahns, der sich wie Mister Wichtig plusternd gebärdend, alle Aufmerksamkeit auf sich zieht, aber bei genauer Betrachtung eben nur sinnfreien Kokolores von sich gibt.

Ob Gaukler oder Gockel dem Kokolores zugrunde liegen, können wir nicht eindeutig sagen, beide Erklärungen haben etwas für sich. In jedem Falle bleibt die Gewissheit: Wer Kokolores von sich gibt, redet in Wahrheit nur Quatsch mit Sauce.

Was ist tabu?

Ihre Zahl ist Legion. Tabus stammen oft aus vorgeschichtlicher Zeit, und wirklich jede Gesellschaft lebt mit ihnen. Es sind fast unausrottbare Normen, meist Meidungsgebote, die das Zusammenleben der Gemeinschaft regulieren helfen und Jahrtausende überdauern können. Tabus haben etwas mit heiliger Scheu vor jemandem oder etwas zu tun.

Kulinarisches Beispiel: Speisegebote. Nordamerikaner essen keine Pferde, Europäer keine Katzen, Juden keine Schweine und Hindus keine Kühe. Es gibt Tabus für alle Lebenslagen: sexuelle, sprachliche und religiöse. Und wenn auch immer wieder Tabus gebrochen werden, eine gänzlich tabulose Gesellschaft ist unvorstellbar, ein Tabu geradezu.

Wer den Begriff erfunden hat, ist nicht mehr zu ermitteln, wer ihn für uns entdeckte und übermittelte, dagegen schon! Es passierte anno 1777. James Cook umsegelte mal wieder die Welt und fand dabei so allerlei: bis dahin unbekannte Inseln, Länder, Völker und Wörter. Eines hieß Tabu. Die Polynesier benutzten es für alles, was verboten war. Es stammt aus naturreligiöser Vorstellungswelt und bedeutet so viel wie unberührbar, unverletzlich, heilig. Cook notierte den schillernden Begriff in seinen Lokbüchern, aber erst Anfang des 20. Jahrhunderts sickerte das Tabu auch in die deutsche Sprache ein.

Was ist ein Schlappschwanz?

Der Worterklärer muss hier Vorsicht walten lassen, sonst driftet er zu schnell in horizontale Gefilde ab!

Der Schlappschwanz ist zunächst ein exklusives Schmähwort für den Mann. Allen modernen Gleichstellungsgedanken zum Trotze, käme es dem Volksmund wohl doch zu drollig vor, eine Frau als Schlapp*schwänzin* zu bezeichnen.

So bleibt das schlaffe Gebamsel dem Manne vorbehalten, freilich einem, dem wir die Manneskraft und -würde absprechen. Der Schlappschwanz ist ein Feigling, der sich nichts traut; eine Memme, die nichts auf die Reihe kriegt; ein Schwächling, der nichts schafft. Er macht schlapp, bevor er richtig angefangen hat, seinen Mann zu stehen, der Schlaffi!

Schlapp ist die plattdeutsche Version von schlaff, die uns schon zu Luthers Zeit im Sinne von Schlappe und schlappmachen geläufig war. Der Schwanz kam Anfang des 19. Jahrhunderts dazu, um einen feigen Hund zu bezeichnen.

Und vom Hunde eher als vom Manne stammt der unrühmliche Schweif tatsächlich. Unsere Altvordern sahen das Urbild des Ausdrucks im herabhängenden, eingeklemmten Schwanz eines ängstlichen Hundes.

Die Doppelbödigkeit, dass ein echter Männer-Schlappschwanz aber nicht nur seines Mutes, sondern auch seiner Potenz verlustig gegangen ist, trat dem Worte erst im Laufe der Zeit hinzu.

Wer bekommt eine Tracht Prügel?

Frecher Bengel, ungehorsame Göre, Aufmüpfling: Vorzeiten erhielten sie, widersetzten sie sich gar zu dreist dem Diktum ihrer Eltern oder Lehrer, eine Tracht Prügel, in besonders krassen Fällen gar eine gehörige Tracht Prügel.

Wobei wir nur ahnen, wie oft sie wirklich ausgeführt wurde, denn meist genügte das bloße Drohen, wusste der Ungehorsame doch, dass hinter der Tracht eine schmerzhafte und reichliche Menge an Prügeln steckte, es mit einem Klaps auf Hinterkopf und Hosenboden also nicht getan wäre.

Der Prügel ist uns bis heute geläufig. Wir kennen ihn seit dem 13. Jahrhundert als dicken, derben Stock. Mit der Tracht verhält es sich nebulöser. Wir verorten sie sonst eher im volkstümlichen und religiösen Umfeld.

Da gibt es etwa die Ordenstracht des Mönches und die Volkstracht der Bäuerin. Auch der Imker kennt eine Tracht und meint damit das, was seine Bienen an Nektar einsammeln und nach Hause tragen. Das trächtige Tier wiederum ist ein schwangeres Tier und trägt ein Junges aus.

Damit sind wir beim Ursprung der Tracht angekommen. Das Wort stammt von tragen! Die Klamottentracht tragen wir auf dem Leib, die Bienen tragen ihre Pollentracht in den Bienenstock, und der Rotzbengel bekam mit der Tracht Prügel so viele Schläge, wie er tragen oder gerade noch ertragen konnte.

Was ist ein Satansbraten?

Ein böser Bengel, der beim Fußballspielen Nachbars Küchenfenster zerkloppt, Reißaus nimmt und später alle Schuld von sich auf andere schiebt, ist ein Satansbraten! Der Rüpel ist ein Jungganove, widerspenstig und durchtrieben, aber doch kein echter Verbrecherlehrling, denn oft zollen wir ihm halb drohend, halb grinsend Respekt für seine ausgebufften Winkelzüge und durchtriebenen Aktionen.

Der Satansbraten ist eher biestig als boshaft. Wir kennen ihn auch als Teufelsbraten, schon seit dem 17. Jahrhundert. Und es ist natürlich kein gebratener Satan, sondern ein Lekkerli *für* Satan, denn das Wort meint eigentlich: Der Teufel möge dich braten! Du bist ein so durchtrieben-frecher Schlingel, dass du früher oder später dem Satan zur Speise dienen wirst!

Dahinter steckt die besonders im Mittelalter populäre, schön schauerliche Vorstellung, dass einer, den der Teufel holt, in der Hölle schmoren muss, und zwar im siedendheißen Kessel, während Satan selbst mit seiner Teufelsforke den leidenden Sünder immer wieder in den Riesentopf zurückstukt oder am Spieß hübsch gar und kross braten lässt. Im Laufe der Zeit hat es dann eine Verniedlichung gegeben, so dass aus dem schmählichen Schimpfwort eine halbgemütliche Lästerrede wurde.

Was ist ein Strohwitwer?

Ist die Katze aus dem Haus, tanzen die Mäuse auf dem Tisch! So ungefähr kann man das Verhalten manch Strohwitwers beschreiben. Der Strohwitwer ist eine Mischung aus freigelassenem Hund, Hallodri und lebensunfähigem Gimpel. Die Gattin besucht für geraume Zeit ihre Eltern oder fährt allein mit Freundinnen in den Urlaub und lässt ihren Mann als Strohwitwer zurück.

Dieser *Witwer auf Zeit* veranstaltet nun allerlei, was er mit anwesender Frau auf Beobachtungsposten so nicht machen würde. Er geht mit Kumpels auf Kneipentour, überlegt, welche Folgen wohl ein nicht entdeckter Seitensprung haben könnte und lässt, des Kochens unkundig, sogar das Wasser im Topf anbrennen, um mal alle Strohwitwer-Klischees zusammenzurühren.

Interessanterweise sprechen wir heute nur selten von der Strohwitwe, dabei ist sie das Original! Der erste Beleg findet sich 1715 in einem Lexikon, da steht: *Strohwitwen heißt man aus Scherz an etlichen Orten diejenigen Weiber, deren Männer verreist oder abwesend sind.*

Und wie kommt das Stroh zur Witwe oder zum Witwer? Das zielt auf den vergnüglichen Teil des Ehelebens ab. Mit dem Stroh ist das Bettstroh gemeint, mit dem vorzeiten die Schlafstatt aus Gemütlichkeitsgründen gefüllt und gepolstert wurde. Ist die zweite Hälfte des Ehebetts verwaist, wird der Gatte eben zum Strohwitwer.

Wer redet frank und frei?

Wer beim Quatschen kein Blatt vor den Mund nimmt und beim Sabbeln offen und rundheraus sagt, was er denkt, der redet frank und frei. Diplomatie ist seine Sache nicht. Taktisches Herumgeeiere ist ihm fremd.

Frank und frei ist eine dieser Zwillingsformeln, die uns aus alter Zeit überliefert sind. Wir kennen ihrer etliche wie *bitten und betteln* oder *angst und bange.* Es sind doppelt gemoppelte Verstärkungen ähnlichen Sinns. Denn so, wie Angst auch Bange bedeutet und Betteln eine Form des Bittens ist, heißt frank so viel wie frech oder frei.

Wer frank und frei von der Leber weg redet, spricht also extrem frei. Wir kennen die Redewendung im Deutschen seit dem 15. Jahrhundert, und es ist die einzige Verbindung, in der wir das sonst untergegangene frank so noch verwenden. Freilich begegnet uns der Wortstamm mehr oder minder versteckt auch anderswo. Frank leitet sich vom Stamm der westgermanischen Franken ab. Übersetzt bedeutet ihr Name also die Frechen oder Mutigen und Freien zugleich. Abgeleitet davon sind Frankreich und der Franc sowie der Schweizer Franken. Und wenn wir einen Brief frankieren, also für den Postversand freimachen, steckt auch dort das alte, mittelhochdeutsche frank aus *frank und frei* dahinter.

Vermischtes

Was für ein Hölleninstrument ist der Flitzbogen?

Wer als Kind noch Räuber und Gendarm oder Cowboy und Indianer gespielt hat, weiß einen guten Flitzbogen zu schätzen. Aus Weidenrute selbstgebaut, muss der Schütze schon schön aufpassen, wohin er zielt, denn ganz ungefährlich sind die Dinger nicht!

Der Bogen gehört zu den frühesten Jagdwaffen der Menschheit. Das älteste, bislang bekannte Exemplar stammt aus der Altsteinzeit und ist 18.000 Jahre alt. Das gute Stück konnte Pfeile bis zu 80 Meter weit verschießen.

Später waren es Awaren und Hunnen, die ihre Feinde mit Pfeil und Bogen Mores lehrten.

Und dann kam das 14. Jahrhundert, als die Engländer binnen kurzem ihre Langbögen perfektionierten. Wahre Höllengeräte! Der Bogen war so lang wie der Schütze selbst, ein Dutzend Pfeile konnte pro Minute zielsicher verschossen werden. Geschwindigkeit und Durchschlagskraft: enorm! Mit bis zu 160 Kilometer pro Stunde schwirrt so ein Geschoss auf den Gegner zu. Es geht durch jede Ritterrüstung wie durch Butter, durchschlägt auf kurze Distanz zehn Zentimeter dicke Eichentore und kann auf eine Entfernung von 200 Metern immer noch bis zu drei Zentimeter dicke Holztüren durchbohren. Maximaldistanz des Schusses: ein halber Kilometer!

Er ist treffsicherer und gefährlicher als die meisten modernen Schusswaffen. Trotzdem fällt der Bogen interessanterweise nicht unters Waffengesetz.

Wie sieht ein Elch aus?

Die Frage ist nicht so doof und dürftig, wie sie vorderhand klingt! Natürlich, der größte Hirsch der Welt kann drei Meter lang und 16 Zentner schwer werden.
Aber diese Informationen hatte nicht immer jeder. Julius Caesar hatte sie jedenfalls nicht. Der fidele Feldherr beglückte Europa ab 58 vor Christus mit seinem Gallischen Krieg, über den er das Buch *de Bello Gallico* schrieb. Darin verewigte Cäsar die großen Taten der Römer und den großen Unsinn, den ihm Gallier und Germanen über ihre Umwelt erzählten. Beispiel Elche. Cäsar schrieb:
Der Elch. Er gleicht an Gestalt und Farbe der Ziege, ist aber etwas größer; seine Hörner sind nur ein Stumpf, und seine Beine ohne Knöchel und Gelenke. Wenn er ausruhen will, legt er sich deshalb nicht nieder und kann sich, wenn er stürzt, nicht aufrichten. Bäume dienen ihm daher als Lager; an sie lehnt er sich an und so ruht er aus. Wenn Jäger an den Spuren bemerken, wo er sich hinzubegeben pflegt, so untergraben sie alle Wurzeln der Bäume, dass sie nur noch dem äußersten Schein nach stehen. Lehnt sich dann ein Elch daran, so drückt er den geschwächten Baum durch seine Last nieder und fällt selbst mit zur Erde.
Man fragt sich, was Cäsar geraucht hatte, bevor er das niederschrieb. Vielleicht wollte er aber auch nur als Erfinder des Jägerlateins in die Weltgeschichte eingehen.

Wie fleißig waren unsere Ahnen?

Ohne Fleiß kein Preis! Wirklich? Von wegen! Wir entstammen eher der Entwicklungslinie des Faultiers als jener der Arbeitsbiene.

Forscher fanden heraus: Der Mensch der Steinzeit hätte sich über einen Acht-Stunden-Arbeitstag scheckig gelacht; er brachte es auf *maximal* vier Stunden! Das Nichtstun lag ihm am Herzen, der Arbeit mochte er sich nicht über Gebühr hingeben. Das war auch nicht nötig, denn er hatte den Besitz noch nicht erfunden, für den er sich hätte abrackern müssen.

Bevor das Menschlein sesshaft wurde, ging es Rehe jagen und Pilze sammeln, für den Eigenbedarf, und das dauert nicht so furchtbar lange! Danach war Zeit für Spiel und Spaß und Sippenvermehrung.

Erst, als der Sammeljäger zum Bauern und noch viel später zum Industriearbeiter wurde, begann die wirkliche Schufterei mit zehn Stunden Arbeit pro Tag und mehr.

Natürlich hat Arbeit auch ihr Gutes: Sie beschert dem nun sesshaften Homo sapiens schlussendlich schon Schönes und Nützliches wie die Kaffeemaschine, den im Fischgrätenmuster geharkten Vorgartenweg und Ärzte, die dazu beitragen, dass des Lebens Obergrenze bei deutlich über 35 Jahren liegt.

Doch die Mär vom schweren Steinzeitleben gilt als widerlegt. Bei vier Stunden Arbeitszeit pro Tag war nämlich das Leben vor Jahrtausenden wohl auch, ganz nebenbei, ganz schön entspannt.

Was sucht der Turm beim Schach?

Das an sich wohl ungefähr zweitausend Jahre alte Königsmörderspiel weist zwar eine ganze Reihe von Merkwürdigkeiten auf, doch das Seltsamste ist: Alle Figuren sind echte, aus dem wahren Kriegs- und Ritterleben gegriffene Gestalten – König, Dame, Bauern.

Nur einer ist ganz anders: der Turm! Solch eigentlich recht unbewegliches Bollwerk passt so gar nicht auf das Schlachtfeld, denn das Schachbrett ist eine Walstatt. Hier werden Kämpfe zwischen Kriegsheeren gefochten.

Der Springer ist im Englischen etwa *knight,* der Ritter und früher bei uns das Rössl, das Kriegsross. Der Läufer ist in anderen Schachsprachen wahlweise Bischof, Graf, Gefolge oder Kriegselefant. Und der Bauer ist natürlich der Fußsoldat.

Ein durch feindliche Schlachtreihen hindurch stürmender Turm dagegen mutet sonderbar an, und er ist tatsächlich das Ergebnis alter europäischer Falschdeutung.

Die vor gut tausend Jahren aus Indien über Persien importierten Schachspiele besaßen eine klobig-klotzige Figur, die oben mehrfach eingekerbt war, *Roch* hieß und für europäische Augen wie ein zinnenbewehrter Turm aussah. In Wahrheit war *Roch* aber ein stilisierter Streitwagen. Und nur so betrachtet, ist die Figur sinnvoll ins Schachspiel eingebettet, als Streitwagen, nicht als töffeliger Turm!

Warum spielen Schauspieler eine Rolle?

Weil es ihr Job ist! Aber wieso Rolle, weshalb spielen sie nicht eine Figur oder einen Charakter?
Nun, wir kennen die Rolle ja in vielfältiger Hinsicht: Wer keine Rolle spielt, ist irrelevant und seiner Umgebung schnurzpiepegal.
Dagegen darf, wer eine bedeutende Rolle spielt, von der Wichtigkeit seiner Person überzeugt sein. Der Rollenspieler wächst ja in jede Rolle hinein und füllt besagte Rolle aus. Und schon nähern wir uns dem Rollenursprung, denn wenn ein Schauspieler sich mit seiner Rolle identifiziert, besagt das meist, dass er die Rolle grandios spielt, und aus der Theatersprache stammt die Rolle wirklich:
Vorzeiten, bei den Alten Griechen, und auch später noch, stand des Schauspielers Text auf Pergamentblättern, die auf Walzen aufgerollt wurden, was die Handhabung der Blätter erleichterte. Je bedeutender und umfangreicher der Rollentext war, desto dicker und beeindruckender war auch die beschriebene Textrolle. Dagegen hielt der Nebendarsteller nur eine kleine Rolle in Händen, und der textlose Statist ging ganz ohne Rolle auf die Bühne.
Noch heute sprechen wir von kleinen und großen Schauspielerrollen, obgleich es die gerollten Texte seit Jahrhunderten nicht mehr gibt. Im Laufe der Zeit hat sich die Rede von der Rolle verselbständigt und ist auf andere Lebensbereiche übergegangen.

Was bedeutet unser ABC?

Wir sind gewohnt, das Alphabet so zusammenzusetzen, dass am Ende einigermaßen sinnvolle Wörter entstehen. Die Buchstaben selbst tragen nur noch Eigennamen, die meist nichts weiteres mehr bedeuten. Das war mal ganz anders!
Unsere lateinische Schrift hat sich über Umwege aus dem Griechischen entwickelt, das wiederum auf ein Protosemitisches Alphabet zurückgeht, welches zugleich die Mutter der Hebräischen, Arabischen und Indischen Schriften ist.
Aller Anfang aber liegt in den Keilschriften des Vorderen Orients und den Hieroglyphen der Ägypter vor 6.500 Jahren, und bis heute vermögen wir zumindest bei einigen unserer Buchstaben deren ursprüngliche Bildbedeutung noch zu erkennen.
So geht unser B auf einen Buchstaben namens Beth zurück, das bedeutet Haus, und das B *ist* der vereinfachte Grundriss eines einfachen Hauses. Dem O liegt ein Zeichen zugrunde, das Auge bedeutet, und wir brauchen nur einen Punkt ins O hineinzumalen, um uns den ursprünglichen Sinn vorzustellen. Oder das M: Es stand vorzeiten für eine gewellte Wasserlinie; dann das N: Es war das Symbol für eine sich windende Schlange. Das D entwickelte sich aus dem Bild für eine geöffnete Zelttür, und das große R symbolisierte mal einen menschlichen Kopf.
So sind alle unsere Buchstaben aus Bildern für ganz konkrete Begriffe entstanden.

Riecht das Universum nach Bratenfleisch?

Der Weltraum, unendliche Weiten. Wir schreiben das Jahr 2XXX. Dies sind die abenteuerlichen Antworten, die Raumfahrer auf die Frage nach dem Geruch des Universums geben! Einige sagen, der Weltraum dufte nach Bratenfleisch. Inwieweit kulinarische Entzugserscheinungen die Mutter eines reinen Geruchswahrnehmungswunsches waren, kann leider nicht geklärt werden. Andere Weltraumfahrer erschnüffeln andere Gerüche: Der Deutsche Alexander Gerst sagt, da oben rieche es nach einem Mix aus Walnuss und den Bremsbelägen seines Motorrades. Ja genau. Glaubt man sofort!
Andere beschreiben den All-Geruch als ozon-ähnlich, bitter oder metallisch, wie von einer frischen Schweißnaht. Das Metallische erschnüffelte auf der ISS ein Astronaut an den Anzügen seiner Kollegen, als die von einem Weltraumspaziergang zurückkehrten.
Man könnte trefflich streiten, wie viele geruchsrelevante Atome im fast luftleeren ISS-Raum herumschwirren. Immerhin gibt es noch Reste der Erdatmosphäre und kosmische Strahlung, die Geruchsspuren an den Raumanzügen hinterlassen *könnten*.
Und dann haben wir noch diese schöne Beschreibung: Der Geruch des Universums sei unverwechselbar und nicht von dieser Welt. Na bitte! Besser kann man sich den Geruch des Alls doch nicht vorstellen: einfach nicht von dieser Welt!

Seit wann wird im Dunkeln gemunkelt?

Seit wir gelernt haben, etwas zu verbergen, munkeln wir, vorzugsweise im Dunkeln! Ob Adam und Eva auch schon im Garten Eden miteinander munkelten, ist ungewiss, aber kurz danach wird es wohl angefangen haben.
So recht auf geradem Weg verfolgen lässt sich der Spruch durch die Jahrhunderte leider nicht. Seine Herkunft steckt, genau wie sein Inhalt, im Ungefähren, in düster-rätselhaften Gefilden.
Martin Luther benutzte das Wortbild mal für eine verbotene Vermählung, die heimlich im Düstern vonstatten ging, nur wispernd vernommen: schemenhaft dahingehauchte Worte. Deutlich erotischer verstehen wir das Munkel-Dunkel seit dem Barock, und bis heute kann der Spruch auf zweierlei zielen. Entweder schnackseln sich ein paar hormongesteuerte Individuen nur halb erkannt durchs Dunkel, oder wir raunen uns in düstrer Ecke Skandale ins Ohr, geheime Gerüchte unter dem Mantel der Nacht.
Das Bild der Düsternis erstaunt nicht weiter, denn noch nie waren gewisse Dinge tageslichttauglich. Das Munkeln aber baut auf *munken,* einem untergegangenen Wort, das lautmalerisch die Geräusche versteckten Flüsterns beschreibt.
Interessanterweise ist Munkeln auch mit Meucheln verwandt, und wer wollte bestreiten, dass aus dunklem Munkeln manch miese Meuchelei erwuchs!

Warum ist Ohrenschmalz so bitter?

Wer sich die wunderliche Frage auch schon einmal gestellt hat, darf sicher sein, vom Schöpfer der Welt in die Schublade für kleine bis mittelgroße Ferkel gesteckt zu werden! Denn Ohrenschmalz ist, anders als sein Name vermuten lässt, nicht zum menschlichen Verzehr vorgesehen, da spricht die Lebensmittelhygiene eine ganz deutliche Sprache. Schweine- und Gänseschmalz: Ja! Ohrenschmalz: Nein!

Aber das braungelbe Zeug aus den Horchlöffeln schmeckt nun einmal, wie es schmeckt: gallebitter – aus gutem Grund. Die Fettschicht hat ja, auch wenn sie uns Weicheiern etwas eklig anmutet, eine wichtige Funktion. Sie schützt das Ohr vor dem Austrocknen, außerdem vor Staub und Infektionen. Motto: Lieber mal ein Drecksohr als ein krankes Hörorgan!

Dafür allerdings brauchte das Zeug nicht bitter zu schmecken. Das abstoßende Aroma erfüllt einen ganz anderen Zweck; Stichwort Milbe, Fliege, Wanze, Zecke! Es gäbe schon einiges an Viehzeug, das sich in der feuchten Wärme unserer Ohren allzu gerne niederließe, wäre da nicht das Ekelschmalz. Das allein verhindert, dass etwa Insekten in der muggeligen Schwüle unserer Ohren ihre Eier ablegen.

Ohrenschmalz in seiner Bitterkeit ist also in Wahrheit ein biologischer Kampfstoff zur Ungezieferabwehr!

Wie gefährlich ist das Knutschen?

Das kommt drauf an, wer wen bei welcher Gelegenheit wo und wie intensiv knuscht! Knutscht der Elch das Auto, hat das böse Folgen. Knutscht die Elke den Anton, sind die Folgen nicht minder mies, sofern sie anderweitig liiert sind und beim Fremdschnackseln erwischt werden. Ansonsten ist das Knutschen eine freudig erregende Angelegenheit.
Wir unterscheiden das scharfe Knutschen vergleichsweise scharf von anderen Kuss-Arten. Vom platonischen Küsschen über den auch nicht gerade erotischen Handkuss bis hin zum seltsamen Nasenkuss kennen wir ja einige eher merkwürdige Körperkontaktmöglichkeiten.
Das Knutschen dagegen wird meist mit erheblichem Körpereinsatz ausgeführt, eher wild als ruhig, mehr feucht als trocken. Wir drücken den Knutschpartner fest an uns und müssen aufpassen, ihn nicht zu zerquetschen.
Knutschen gehört zu einer Reihe urgermanischer Wörter, die alle etwas mit Pressen, Umarmen, Drücken zu tun haben wie Kneten, Knüllen und Knittern oder Knautschen. Wobei Knautschen nur die hochdeutsche Form des älteren Knutschens ist. Auf Hochdeutsch kennen wir Knutschen heute fast nur noch als wildes Küssen. Blots bi weck Plattdütsche hett sik dat Knutschen noch in ein öllere Form erhollen, wenn'n seggt: De Kledaschen knutschen bannig, also: Die Klamotten knittern sehr!

Der Autor

Thomas Lenz wurde an einem verschneiten Novembermorgen in Grevesmühlen geboren.

Seine Kindheit verbrachte er auf einem Bauernhof in Nordwestmecklenburg. Später lernte er Forstwirt in Bad Doberan und studierte evangelische Theologie in Kiel. Dort kam er über die Radiokirche als Quereinsteiger zum Rundfunk und ist beim NDR „hängengeblieben".

Auf NDR 1 Radio MV moderiert Thomas Lenz unterschiedliche Sendungen. Jeden Tag von Montag bis Freitag ist er außerdem mit seiner Serie *Kaum zu glauben – Wissen zum Weitersagen* zu erleben.

Thomas Lenz kennen de Tauhürer vun NDR 1 Radio MV öwer ok up plattdütsch. So makt hei ünner annern bi de Sendung *Plattdütsch an'n Sünndag* un bi *De Plappermoehl* mit.

Er lebt heute auf dem großelterlichen Bauernhof in Nordwestmecklenburg.

Der Verlag

Die Schweriner TENNEMANN media, gegründet 1999 von Leif Tennemann, arbeitet erfolgreich als Buch- und Musikverlag sowie Filmproduzent im Norden. Schwerpunkte sind Buch- und Hörbuchproduktionen aus den Bereichen regionale Zeitgeschichte, Plattdeutsch, Kinderliteratur, Belletristik, Lyrik, Kriminalliteratur und Reportage. Innerhalb der Musikproduktion werden nahezu alle Spielarten bedient vom Folk über die Klassik bis zur aktuellen Rock- und Popmusik. Die hauseigenen Editionen und Label sowie der TENNEMANN-Vertrieb garantieren professionelle Verwertungsketten. Darüber hinaus betreibt die TENNEMANN media u.a. den unabhängigen eigenen Pressedienst nordPR, das Online-Informations-Portal MECK-POMM-HITS.de sowie den TENNEMANN-Versand für ausgewählte Nord-Produkte unter www.tennemann.com.

TENNEMANN Buch und Musikverlag, Schwerin 2020
TENNEMANN media GmbH
Gartenweg 30 c, 19057 Schwerin
Telefon: 0385-77501

www.tennemann-media.de
www.tennemann.com

Kaum zu glauben, Band 1 – 7
die NDR 1 Radio MV-Serie

Was ist ein Lustmolch?
Warum wird der Hund in der Pfanne verrückt?
Wunderliche Fragen, originelle Antworten: Das ist Kaum zu glauben – Wissen zum Weitersagen.

Können Fische seekrank werden? Welche norddeutsche Erfindung steht auf allen Straßen der Erde?
Skurril, erstaunlich und absurd: Das ist Kaum zu glauben – Wissen zum Weitersagen!

Was ist ein Lästermaul?
Wer hat nicht alle Tassen im Schrank?
Vergnüglich, schräg und augenzwinkernd: Das ist Kaum zu glauben – Wissen zum Weitersagen!

TENNEMANN

Und die Antwort auf alle diese Fragen gibt Thomas Lenz seit Jahren höchst unterhaltsam mit geschliffenem Wort in seiner täglichen Serie im Radio und online.
Die Bücher zum Kult-Format mit bisher insgesamt mehr als tausend Fragen und Antworten gibt es im TENNEMANN Verlag.
Und da finden Sie Antworten auf Fragen, die selbst leistungsstarke Internetsuchmaschinen an den Rand der Verzweiflung treiben! Oder wussten Sie, dass Pornokratie mal eine echte Regierungsform war? Und dass Regenwetter Ihr Denkvermögen steigert?
„Kaum zu glauben": Bücher zum fröhlichen Blättern und Immer- wieder-Lesen – viel Vergnügen!